冨田和成

The Philosophy of Millionaires

大富豪が実践している

お金の哲学

クロスメディア・パブリッシング

はじめに

「よし、今月からしっかり家計簿をつけてお金を増やしていこう！」

そう意気込んだ結果、真っ先に食費を削った経験はありませんか？

朝食を抜き、ランチをカップラーメンで済ませ、夜は自炊を徹底。たしかにそれを続ければ毎月数万円は節約できるでしょう。

しかし、大富豪になるような人はこういったアプローチをとりません。

カロリー摂取を食事の唯一の目的と考えてしまうと、食費を削る手段は一見合理的に見えます。しかし、栄養バランスや体のコンディションのことまで考えると、食材の質まで下げることは大きなリスク要因になります。

車で例えると大富豪にとっての食事はエンジンのポテンシャルを最大限発揮しながら、長く走り続けるためのガソリンです。目先のお金をケチって粗悪なものを使ってしまうとエンジンはすぐにダメになります。これではせっかく節約した分も帳消しです。

大富豪のマインドを持った人は少し値がはっても高品質なガソリンを使い続けたほうが生涯のコストパフォーマンスが高いと判断するのです。

添加物満載のランチで健康を切り売りしながらコツコツお金を貯めるのではなく、定食屋さんに行ってバランスのとれたランチを食べ、心身ともに健康体を維持し、仕事の集中力を高めて早く収入を上げる。

お金を増やすためにあえて割高な食事をする、ということです。

それに毎晩自炊をしてしまうと夜の交流がなくなります。

大富豪にとって食事は健康の源であると同時に交流の機会でもあると考えているので、自らの意思でネットワーキングの手段を断つことは考えられません。多忙を極めるベンチャー企業の若手経営者などは、ランチですら「今日は誰と食事をしようか」と考えているくらいです。

仮に夜の会食に、ビジネスの第一線で活躍する逸材が集うとしましょう。

参加費は2万円。普通の飲み会や合コンに行くより相場が高いです。

しかし、その会食に参加することで得られるものを考えてみると……
・経営者と接点ができるかもしれない
・ハイエンドのコミュニティーに入るきっかけになるかもしれない
・稀少な情報を入手できるかもしれない
・自分の視点が上がり、仕事へのモチベーションも上がるかもしれない
と、さまざまな期待リターンが想定できます。

使った「お金」と「時間」を上回るリターンが得られるチャンスがあるなら、それを活かさないのは実にもったいない話です。

このように、大富豪になるべくしてなった人や、大富豪になるポテンシャルを持った人は、何事も投資目線で考えます。

食事以外にも、かばんやスーツ、子供の教育、毎日の移動手段から自分の住む

場所にいたるまで、二重、三重に意味を持たせ、お金を使うときはそれ以上のお金を稼ぐことにつなげていく。逆にキャッシュがキャッシュを生まないのであれば投資不適合とみなし、たとえ100円であってもお金を使わない。

これこそ大富豪のお金の哲学です。

こういった習慣は、お金がないときに実践することで最大の効果を発揮します。「自分は大富豪でもないし、大富豪になることも考えていない」と思っている人こそ、財布を開くたびに「このお金は自分にとってどのようなリターンを生み出すのか」という生き金発想を身につける必要があります。

□ 大富豪のマインドはどうやって生まれるのか

このような極めて合理的な大富豪のマインドはどうやって生まれるのでしょうか。

生まれつき算盤勘定が得意という人もいますが、大半の人は後天性です。

そもそも大富豪には大別して2種類あります。

裕福な家庭に生まれた相続型か、自力で富を築いた立身出世型か。

相続型の場合、お金に対する教育は子供のときから家庭内で叩き込まれるのが一般的です。

「金持ちの家の子息は甘やかされている」という認識が広まっていますが、それが起きやすいのは事業を継承するわけではない家系（スポーツ選手やアーティスト）の子息や、一代で事業を成功させたものの資産承継にはまだ手が回っていない有力者の子息などであって、名家と呼ばれるような代々資産家の家庭では教育が徹底されているので、そういった例はむしろ稀です。

一方、立身出世型の人が大富豪のマインドを持つのはいつかというと、必要に迫られて身につけるケースがほとんどです。

その背景には立身出世型ならではの強い目的意識があります。

人がお金を儲ける目的は十人十色。家族にいい生活をさせてあげたい、歴史に名を残したい、社会貢献がしたい、早く引退したい、異性にもてたいなどさまざまです。

ただ、何かを成し遂げたいと思う気持ちが強ければ強いほど、この世で各人に与えられた時間、お金、そして能力は決して平等ではなく、しかも思いのほか少ないという、当たり前にして残酷でもある現実を、誰よりも意識せざるを得ないのです。

そういう意味では幼少時代に貧しい家で育った人や、何かしらのハンディキャップを背負ってきた人が、その後大きなことを成し遂げるサクセスストーリーが多いのも納得できるのではないでしょうか。彼らは社会の現実を痛いほど直視してきたからこそ、その現実から逃げることなく強烈な目的意識を持って努力を重ねるわけです。

こうした現実先行型にせよ、夢を見つけてそこに愚直に突き進む目的先行型にせよ、立身出世型の人には明確なゴールの意識があり、それを達成するためには限りある資源を最大限に活用する必要に迫られます。

その結果、日頃から合理的な判断を下す習慣が身につき、おのずと投資マインドが植え付けられるようになるのです。

□ 大富豪と経営者の思考は似ている

合理的な判断を下すと聞いて真っ先に思い浮かぶのは企業経営かもしれません。実際、大富豪の多くは経営者です。

ランドスケイプ社が提供している富裕層に関する調査報告をみると、日本で金融資産1億円以上の人の半数は経営者だそうです。

厳密にいえば企業経営者が33・6％で、医師が9・5％、マンションオーナー・地主が7・1％。その他は企業役員や士業の方などです。

大富豪の医師の大半は開業医ですし、マンションオーナーなども不動産経営を営んでいるわけですから、広義でいえば経営者と言えます。

企業経営の至上目的は、今ある人材や設備、資金（人、モノ、金）を使っていかに事業を成長させていくかです。そして、その手法や心構えは個人にそのままあてはめることができます。

たとえば、世界最大のプライベートバンクであるスイスのＵＢＳは、世界中の富裕層の資産運用を本業としています。

そのＵＢＳが顧客の資産を管理するにあたって使っているツールは、何も魔法のレシピではありません。ただの貸借対照表（バランスシート）と損益計算書。企業とまったく同じフォーマットなのです。

なぜ同じなのかというと、目的が同じだからです。

その目的とは資産と負債を明確にしたうえで、キャッシュフローをいかに改善するか。わかりやすくいえば、眠っているだけの資産を減らして、少しでも利潤を生むように資産を再配分するかです。

一般家庭の家計簿としてバランスシートと損益計算書を作っている人はまずいないでしょうが、本気でお金を増やしたいのであればこれくらいの精度と努力が欠かせないということでもあります。

資産を増やす観点でみれば、企業であろうと個人であろうとやるべきこと、考えるべきことに大差はありません。だからこそ優秀な経営者ほど自分の資産に対する意識も高く、さらに自分への投資も欠かさないのです。

「社長だから大富豪」なのでなく、「大富豪になるマインドがあるから社長になれた」と考える方が真実をついていると思います。

□ 自分のことを会社だと考えてみる

企業と個人がいくら似通っているといっても、企業と違って個人は成長する義務がありません。

毎年赤字を出す企業の経営者は株主から退席を命ぜられますが、個人の資産がいくら減ろうと文句をいうのは家族だけです。企業が必ず中長期の目標を立てるのと同じように、個人も「成長しよう」「結果を残そう」「資産を増やそう」と明確に目標を定めない限り、普通の人が大富豪になることはまずありえません。

目的を持つこと。

そしてその実現のために合理的に考えること。

「株式会社じぶん」の設立が大富豪への道の第一歩と言えるかもしれません。

□ 知られざる大富豪の実態

私は前職の証券会社時代、富裕層向けのプライベートバンキング部門にて世界の大富豪と仕事をさせていただく機会を持てました。

なにせ顧客の大事な資産を預かるわけですから信頼関係を構築することがとにかく重要で、お客様の身の上相談にのったりしながら、かなり密接なお付き合いをさせていただきました。

私は決して裕福な家庭の出ではありません。そんな私が見た富裕層の世界。最初のうちは驚きの連続でした。

しかも、その多くは一代で富を築いた時代の寵児たちです。20代だった私が刺激を受けなかったわけがありません。

いつしかその驚きは納得へと変わるようになり、「こういう人だからお金持ちになれるんだ」と、徐々に共通点が見えるようになりました。

本書では私なりの目線でみた大富豪の実態をつまびらかにすることによって、大富豪ならではの習慣や心構え、ひいてはその根底に流れるお金に対する哲学をみなさんに知っていただこうと思っています。

また、自分自身が金融情報を集約・発信する会社を経営する身となり、同世代のベンチャー経営者やＩＴ長者などとの交友関係が増えるなかで、そうした新世代の大富豪のマインドも随時紹介していきたいと思います。

大富豪を目指している人はもとより、富裕層ビジネスに携わっている方々にとっても参考になる内容だと自負しています。

なお本書でいう「大富豪」とは、純金融資産で1億円以上を保有する人と定義することにします。日本だと人口の約2％にあたります。

また、便宜上「小金持ち」とは年収数千万円はあるが、純金融資産が1億円未満の方を想定させていただき、それ以外を「一般人」とさせていただきました。表現がきついのは出版社の意向も含んでいますのでご了承ください。

ではさっそく、知られざる富裕層の世界の扉を開けてみましょう。

contents

第2章

大富豪のお金の使い方

第3章 大富豪のお金の増やし方

第4章 大富豪のお金の守り方

本書で取り上げる資産運用術、投資術および節税術は、大富豪に共通してみられるテクニックを著者が解説したものであり、その効果を確約するものではありません。

税制対策については税理士の助言を受けること、また、金融商品の購入にあたってはそのリスクを各自が見極めて行動されることを強くお勧めいたします。

第 1 章

一般人と
小金持ちと
大富豪の違い

How are they different?

01

about
ゴール設定

将来を考えるとき

一般人は、
年収2000万円をあきらめる

小金持ちは、
年収2000万円で満足する

大富豪は、
年収2000万円を通過点と考える

日本で年収が1000万円以上の人の割合は約5%。給与水準が高い業界で働いている人なら役職がつかなくても到達できます。ただ、これが2000万円以上となると約0・4%まで下がります。「年収が2000万円もあれば大富豪だろう」と信じてやまない人が多いはずです。

しかし、現実は違います。

年収2000万円前後の大富豪はほとんどいません。資産どころか借金を抱えている人もいます。

その原因は浪費で、このケースに陥りやすい典型例は外資系企業などに勤める若いエリートサラリーマンです。

勉強もできて仕事もできるのでしょうが、彼らは所詮、雇われの身。お金に対する考え方は市井の人と大差ありません。そういう人の口座に毎月百万円以上も振り込まれると感覚がおかしくなるのでしょう。

2000万円を使い切るのは簡単です。

たとえば、都内には高級タワーマンションがたくさんあります。月々の家賃が60万円などザラで、広告を見れば「セレブ」「エレガント」「プレステージ」など扇情的な言葉が並んでいます。そこに反射的に飛びついてしまうわけです。

しかし、冷静に考えれば家賃だけで年間720万円。それ以前に税金と社会保険で600万円以上取られ、手元には680万円しか残りません。

豪華な家に住んで慎ましい生活を送ろうとする人はいないでしょうから、食費、交際費、車、ファッション、海外旅行と支出が止まりません。

見栄ほどコストのかかるものはありませんからね。

これでは貯金ゼロになって当然です。

お金を増やしたいならインとアウト（収入と支出）の両方をコントロールしなくてはいけないことは誰でも分かる話です。しかし、インが増え始めるとアウトに対する意識がとたんに薄れてしまうのが人間の弱いところです。

逆にアウトを徹底して管理できれば年収1000万円未満の会社員でも金融資

産を1億円以上にすることもできます。そうはいっても極端な倹約生活はこの本の主題ではないので、いったん置いておくとしましょう。

大富豪になる人は、自分が若くして年収2000万をもらう立場になったら将来のさらなる飛躍のために有効に使います。

起業のためにお金を貯める人もいるでしょうし、自分に投資する人もいるでしょう。もちろん、余剰資金を確保して資産運用をはじめることも忘れません。

そうやって元本を大きくしていき、放っておいてもお金が増えるレベルまでなったらはじめてそこから得られる利益で贅沢な暮らしをすればいいと考えるのが大富豪の考え方です。

ロバート・キヨサキ氏は、ベストセラーとなった『金持ち父さん、貧乏父さん』（筑摩書房）のなかで「コップの中の水を飲むのではなく、コップから溢れた水を飲みなさい」と説いています。

手元に1000万円のキャッシュがあるからといってすべて消費するのではな

く、1000万円分の贅沢をしたいなら1000万円を元手に新たな1000万円を生み出してから行いなさい、ということです。

そもそも人間はステージが上がるにつれ目標も上がるはずです。

たとえば、本が好きな学生からすれば出版社で働くことは夢でしょう。でも、いざ働き出したら普通のことになって、10万部のヒット作を夢見る。でも、それも実現してしまえば今度は100万部売りたくなる。これが自然ですよね。

私も初対面の方からよく「なぜ業界最大手だった証券会社を辞めたんですか。給料もいいのに、もったいない」と言われることがあります。でも私からすれば「それが目標ではなかったので……」としか言いようがないのです。

大富豪になる人たちはこうした目標のアップデートを誰よりも頻繁に繰り返しているにすぎません。そうやって高い目標を持ち続け、自ら思い描く未来にワクワクしながら、自分の可能性を常に広げているのです。

お金持ちになりたいなら お金の流れを見る

This is philosophy

人は現状で満足した時点で成長が止まります。そして、未来でなく今や過去を生きることに専念しだします。

年収が2000万円もあるのに一向に資産が増えない人は、その年収を「ゴール」だと考えている可能性が高いのではないでしょうか。ゴールだと思うとわざわざ水が溢れるのを待つ意義がなくなるので、目の前の水をガブガブ飲み干してしまっても不思議ではありません。

02

about
収入源

年収を上げるために
一般人は、
時間でお金を稼ぐ
小金持ちは、
運でお金を稼ぐ
大富豪は、
仕組みでお金を稼ぐ

収入が増えない人に共通するのは、お金に対して受け身の立場でいることだと思います。

常に雇い主の庇護下にいて自分が提供する役務の対価としてお金をもらう。それが当たり前だと思っていると、大半の人はいざお金を稼ごうと思っても時給を上げることとか、仕事を掛け持ちすることしか思いつかないのが実態です。

一部、新しい働き方を導入する企業などでは例外はあるものの、基本的に正社員であろうとアルバイトであろうと、時給で働く行為は自分の「時間」を雇用主に売っていることになります。スキルや役職が上がれば時給が変わりますが、時間を売る収益モデルであることに変わりありません。

これは一部の自営業の人にも言えます。

エンジニア、デザイナー、コンサルタント、ライターなどとして独立しても、案件毎に決まった報酬を貰っている限り、商品は自分の時間です。睡眠時間を削って毎日がんばっても年収には限度があります。

もっと言えば小売や飲食のオーナー店長も、自分が動かない限りお金が生まれないのであれば時間売りの枠を飛び越えていません。

時給で稼ぐ行為にはデメリットが3つあります。

最大のデメリットは商品が自分の時間である限り、売り上げに上限があることです。仮に時給3000円の仕事を1日12時間、休まず続けたとしても年間1314万円。多いか少ないかはさておき上限が見えていることがポイントです。

もうひとつのデメリットは時間を売りすぎると機会損失の恐れがあること。自己研鑽や人脈構築の時間にあてていればもっと収入が増えるかもしれないのに、仕事に追われているとそういったチャンスを逃す可能性が高まります。

最後のデメリットは、時間売りのマーケットは得てして買い手市場なので単価が安いこと。安い海外の労働力やAI（人工知能）の発達でマーケットそのものがなくなる分野もでてくるでしょう。

このように時間売りだけを続けている限り大富豪への道は遠いと思います。

そこから状況を打開するために一攫千金を狙う人もいます。レバレッジを効かせたFXや怪しい投資話。身近なところではパチンコや宝くじ。しかし、そこで一回上手くいったとしても再現性がなければ元の黙阿弥です。

大富豪になる人が念頭に置いているのは、「いかに自分の時間を売らないで済むか」。時間が買えるのであれば積極的に買いますし、その実現のためには自分の時間を売らなくてもお金が生まれる「仕組み」をいかに作れるかが勝負です。「寝ている間にもお金が生み出せるのかどうか」と表現すればわかりやすいでしょう。

この考え方を収入源の観点から言えば、一か所からお金をもらう収益モデルを卒業して、収入源を増やすモデルに移行すること、とも言えます。

その仕組みの代表格が「人を雇う立場になること」です。

人を雇うことは、他人の時間を買って、その時給より大きな収益を上げてもらうことでお金が増えていく「仕組み」そのものです。最近ではクラウドソーシングの普及によって、時間単位で、誰でも簡単に人を雇うことができる時代になりました。こうした「仕組み」をいかに有効に使えるかが肝心です。

もちろん、人を雇って利潤を出すことは言葉で言うほど簡単ではありません。でも、少なくとも時間売りをしていたときの収入の上限を取り払うことはできるでしょう。

それに、人を雇わなくても時間売りしなくていい方法はあります。

サラリーマンであれば投資やアフィリエイト。ライターやカメラマンであれば印税。エンジニアやデザイナーであれば成功報酬。小売や飲食のオーナーであればフランチャイズフィーなど。

対時間、対労力を考えたときに、より大きな収益が上げられる仕組みはないか。

人間、どのみち仕事に時間をとられるわけですから、この問いを持てるかどうかが普通の人と大富豪との分かれ目です。

家族の生活を守るための安定した収入も無視できないので、どのタイミングで「脱時給」を図るのかの判断は難しいかもしれません。

しかし、「これだけがんばっているのにお金が増えない」とぼやいている人がいたら、そのお金がどうやって生まれているのか見つめ直すいい機会なのではないでしょうか。

This is a philosophy

お金を増やすのではなく、増える仕組みをつくる

03

about
イメージ

イメージとして
一般人にとって、
大富豪は「ずる賢い人」

小金持ちにとって、
大富豪は「優秀な人」

大富豪にとって、
大富豪は「まっとうな人」

金銭教育先進国のアメリカでは幼稚園からお金について学びはじめ、大富豪はアメリカンドリームを体現した人物として崇められます。

ひるがえって日本。

大富豪と聞くだけで「ずるい」だの「人のお金で云々」と眉をしかめる人が多いのは、文化や教育の影響が少なからずあると思います。

金融教育をタブー視しすぎたために、お金を稼ぐ行為はあたかも「他人から搾取して、ひとりだけ良い思いをすること」という独善的なイメージを持たれてしまう傾向があるのではないでしょうか。

また、もうひとつ大富豪のイメージが悪い原因として、真っ当にお金を稼いでいる人には世間が興味を持たない世俗的な背景もあるでしょう。

実際は真っ当な商売人の方が圧倒的に多いにも関わらず、マスコミで大富豪が話題になるのは、富裕層ランキングが発表されるときか、嫌味な成金キャラを演じている「自称セレブ」がネタにされるときか、悪いお金の稼ぎ方をした人がつかまったときがほとんどです。

これでは世間の大富豪に対するイメージが悪くなる一方です。

まっとうなことをするだけで、大富豪になることはできます。

私の知る大富豪を見ても、または世の中で成功したビジネスモデルを見ても、結局のところ誰よりも早く消費者のニーズを読みとったか、誰よりも早く行動を起こしたか、誰よりも完璧なサービスを提供できたか、のいずれかです。

以前とあるIT長者に事業成功の極意をたずねたところ、こう言われました。

「インターネットが伸びることは誰でも容易に想像できたはずです。伸びると分かっている市場であれば、当たり前のことをやるだけで当たり前のように結果は出せるはずなんですよ。ただ、それを人よりも少しだけ早く気づいて、少しだけ早く動いて、人よりたくさん努力しただけです」

パナソニックを創業した松下幸之助氏の言葉で「成功の秘訣は、成功するまで続けること」という名言もあります。私が最も好きな言葉のひとつです。

どんなに失敗を重ね、暗いトンネルの中で心が折れそうになっても、成功するまでやり続ければ最後は必ず成功する。当たり前のことをただ愚直に実践することの重要性を教えてくれる、とても重い言葉です。

This is a philosophy

誠実な努力は、いつかお金となって返ってくる

04

about
稼ぐ目的

頑張る理由として
一般人は、
生活のために稼ぐ
小金持ちは、
豪遊するために稼ぐ
大富豪は、
世の中のために稼ぐ

「大富豪の生活ぶり」と聞いてどのようなイメージを持たれるでしょう。

毎晩、銀座や六本木で飲み明かして、週末は葉山でヨットとシャンパンといった感じでしょうか。あながち間違いではありません。

とくに30代、40代の立身出世型の方は派手な生活をされる方が多く、「仕事もバリバリやりながら、よく遊ぶ体力があるなあ」と感心してしまうこともよくあります。

冒頭の節で取り上げた年収2000万円のサラリーマンと違って、すでに何十億円もの資産を築いた大富豪からすれば、コップから溢れた水を飲んでいる限り出費は痛くもかゆくもありません。

つまり、そこは趣味の世界。

豪遊すること自体を否定的に捉える理由はありません。

ただ非常に興味深いことに、若いときに豪遊三昧だった人でもどこかのタイミングで必ずと言っていいほど我に返ります。

50代を過ぎて遊びまくっている人はたいていい遅咲きだった人で、若いときに成功を収めた人はその年齢にもなれば遊び尽くした感覚を持ち、派手な生活に虚しさすら覚えるようになる人もいます。好き放題やってきた人が、家庭に回帰したり、自分が得た利潤を社会や地域に還元しようという意識が湧いてくるのです。

企業経営でも似た現象があって、成長期の間は経営者も規模拡大ばかり考えますが、会社が大きくなるとＣＳＲ活動（会社の社会的責任を果たすための活動）を強めていきます。

社会貢献の形として最もわかりやすい例が財団でしょう。大企業、またはそのオーナーで財団を持つことはよくある話で、日本ではサントリーやベネッセなどが有名です。

世界で最も有名な慈善基金団体はマイクロソフト創業者のビル・ゲイツが家族とともに立ち上げたビル&メリンダ・ゲイツ財団で、基金の規模は３９６億ドル。貧困問題やエイズ、マラリアなどの根絶、教育の拡充などに貢献しています。

ちなみにその基金の半分は、同じく世界を代表する大富豪のウォーレン・バフェットからの寄付でなりたっています（奥様へ資産を譲渡するつもりだったのが奥様に先立たれたため、この財団を選んだそうです）。

ウォーレン・バフェットは自分の資産の85％は寄付すると宣言しており、ビル・ゲイツ自身も自分の死後、資産の95％は寄付すると明言しています。

圧倒的な資産を築いた大富豪は、世の中のためにお金を還元するのです。

近年ではフェイスブック創業者のマーク・ザッカーバーグが立ち上げた慈善団体が有限責任会社（LLC）という形をとっているため「ただの節税対策じゃないか」と非難を浴びています。

しかし、彼としては自分が本当に支援したい分野にただお金を出すのではなく、積極的に関与していきたい、本気で状況を変えたい、と思って新形態の手段を採用したと考えるのが正しいでしょう。これをインパクト投資と言います。

自ら起こした事業によって世の中を変えてきた彼ならではの発想だと思います。

綺麗事だけを言うつもりもありません。

大富豪が社会貢献に関心を持つ背景のひとつには、世間からの風当たりを少しでも和らげたい気持ちもあると思います。

とくに地方在住の大富豪にもなると、地元の名主として崇められる一方で、ムラ社会独特の妬みも生まれます。神社仏閣にいくとやたらと寄付者の個人名が目につくのは、そういった理由があるのでしょう。

大富豪は成功の過程で敵を作らないことが、いかに重要であるかを知っているので、計算高いセルフブランディングとまではいかなくても、少しでもイメージを上げるべく社会還元しているという側面は否定できません。

そうは言っても事業家として大富豪になる人のほとんどは、やはり「人のために何ができるか」を常に考えています。

たとえば、優秀な営業マンであれば「お客様は何に困っているんだろう」「自分に何ができるんだろう」という視点を必ず持っています。「どうやってこいつを騙せるか」などと考えている人が成功するわけがありません。

「あいつは強欲だ」「あいつは好きになれない」と周囲から言われ続ける人（や会社）は、一時的にうまくいったとしても、最終的には淘汰される運命なのです。

大富豪が原点に立ち返ることは自然なことだと思います。

This is a philosophy

人間としての成熟は収益面でのレベルも上げる

05

about
改善力

うまくいかない理由を
一般人は、
社会のせいにする
小金持ちは、
運のせいにする
大富豪は、
自分のせいにする

２００８年にリーマンショックが起きたとき、私は証券会社で新規開拓営業をしていて、クライアントだった大富豪のなかにも、そのあおりを食らって一時的に大きな損失を出した方が何人もいました。

私の顔を見るなり「お前のせいでこうなった！　二度と俺の前に現れるな！」と激怒されるお客様もいました。営業担当として適切なアドバイスができなかった自分にも否があるので、怒られるのは当然のことでした。

そんな状況のなか、ある社長の元にお詫びの挨拶に訪れたときのことです。

「社長。このたびは大変ご迷惑をおかけいたしました！」

「頭を上げてください、冨田君。今回については自分も反省するところが多い。高い買い物をしたと思っています。過ぎた話をほじくり返してもしょうがないし、大事なのはここからどうしていくかです。ちょっと相談する機会が増えるかもしれないけど、引き続きよろしくね」

大きな失敗からすぐに立ち直ろうとする、なんと素晴らしいマインドの持ち主だと感動しました。

案の定といいますか、その後、２０１０年に欧州危機が起きた際、その社長はリーマンショックの教訓を活かして株価が大底のタイミングで買い出動し、結果的にリーマンショックで出した損失を上回るリターンを出しました。

大富豪は失敗に直面すると自分のせいにする傾向が強いです。さらにその失敗を教訓として取り入れ、次のチャンスを待ち、確実につかむのです。

普通の人でも失敗を自分のせいにする人はたくさんいるでしょう。しかし、その失敗をプラスに転じようとする人は少ないと思います。

「大学受験で失敗したから真っ当なキャリアは歩めない」

「入社試験で上場企業に落ちたから一生、下請けで働く運命だ」

「ずっと年収５００万だから、１０００万円など絶対に無理だ」

などと、自分の過去で自分を勝手に縛ってしまう人が多いのです。

他人のせいにするのはもっと悪質で、「あの社員のせいで」「あのクライアントのせいで」「あのマーケットのせいで」と常に責任を外に求めるビジネスマンを何人も知っています。他人を変えようとしたところで根本的な変化は期待できません。結局、同じ過ちを犯してしまうのです。

リンクアンドモチベーションの小笹会長の言葉で、私がいまでも大事にしている言葉があります。

「変えられるものと変えられないものがある」

変えられないものとは「他人と過去」。変えられるものは「自分と未来」。

仕事で失敗したときや年収に不満があるときに人や社会のせいにしたり、自分の過去を悔やんだりしても意味がないということです。

フォーカスすべきは「自分の考え方」と「自分の行動」をどう変えていくか。「自分と未来」を変えることではじめて失敗から何かを学べるわけです。

人には感情の波があるので、大きな挫折を経験したときの心理的な衝撃が大きければ、それをプラスに転化させる気分になれないこともあるでしょう。

ただ、感情のブレに振り回されている間は、その矛先は他人か自分への攻撃に向きます。外向的な人は他人を傷つけ、内向的な人は精神を病んでしまう。たとえ一時のものでも、人生を台無しにすることもあります。

改善力を高めたい、前向きな考え方になりたいと思ったら、実は感情のコントロールが不可欠なのです。

悩むのではなく考える

This is a philosophy

第 2 章

大富豪の
お金の
使い方

How do millionaires use their money?

06

about
節約術

節約するとき
一般人は、
毎日の食費を削る

小金持ちは、
入った分だけ使い切る

大富豪は、
大きな支出だけ抑える

「誰でもお金が貯まるマル秘テクニック！」

こんな刺激的なタイトルを見つけ、読み始めたら倹約の話しか書いておらず、「またか」とため息をついてページを閉じた経験がある方も多いでしょう。

大富豪を目指すなら倹約の精神はたしかに必要です。倹約だけで大富豪になる人もいます。ただ、それはあくまでもレアケースに過ぎません。

大半の大富豪は「消費より倹約」の精神をもちつつ、「消費より投資」というマインドをさらに強く持っています。

というのも、過度な倹約は将来リターンが期待できる支出まで控えてしまう恐れがあるからです。40代、50代になって倹約するならしょうがないとしても、若い世代は投資の回収期間が長いわけですから、細々とお金を貯める行為は効率が悪い気がします。

つまり大半の大富豪はお金を使うこと自体には積極的であり、それをいかに効果的に使えるかを重視しています。

支出を抑える極意があるとするならただひとつ。大きな支出だけをコントロールすることです。

血眼になって1円単位でお金を貯めても効果は限定的です。

「はじめに」で触れたように、「今月ピンチなので」と言って500円のランチ代を200円にしたところで月に6000円（300円×20日）しか浮きません。

その程度の節約なのであれば、むしろバランスのとれた食事をした方が、長い期間で考えれば利回りが良いはずです。体調を崩せば収入が途絶えますし、医療費もかかりますからね。

しかも、そういう細々とした節約をする人に限って、平気で飲み会に参加してタクシー代を含めて1～2万円使ってしまうこともあります。「コントロールすべきはそこだろう」と言いたいわけです。

実は私、20代の前半に家計簿を付けていた時期があります。自分の生活パターンを可視化することで、どこに大きな支出があるのか確認したかったのです。

その結果、私の出費の大部分は自分の目標にとって必要ではない交際費で使われていることに気付きました。

もちろん、刺激を貰える人たちとの交際費であれば積極的に使うべきですし、得るものが少ない飲み会であっても、参加しないことで無駄に敵をつくるのであれば参加すべきです（部署全体の飲み会など）。

ただ、そうやってフィルターをかけていくと、参加しなくてもいい飲み会が意外と多いことに気づきます。

そこで私は考え方を改め、ムダな宴席には出ないと決めました。

そのころは金曜の夜になると毎週のように先輩たちから誘われていたのですが、土曜の朝に留学希望者向けの予備校に通っていたこともあって、「ちょっと宿題が終わっていなくて」と角が立たない理由をつくり、回避するようにしました。

もともと私は物欲があまりないので、お金は当然貯まります。

そのお金で本を買ったり、スーツを買ったり、自分の仕事につながる分野に投資していくことにしました。

営業をしていたおかげもあって、その成果はすぐに収入面で出ましたし、このときの判断は私の成長にとって大きなターニングポイントになったと思います。

節約を考えるときに重要なのは「木を見て森を見ず」の状態にならないよう大局的な視点を持つことです。

1円を粗末に扱わないことも大切でしょうが、そこに注力するくらいならもっと効果のある節約手段を考えるか、もしくはもっとお金を稼ぐ方法を考える方が合理的だと思います。

蛇足を覚悟で付け加えるなら、大富豪と聞いてものすごい浪費をしているイメージがあるとしたら、それは大富豪本人ではなく、その配偶者である可能性が高いです。

旦那さんは会社で切った張ったの世界に生きる一方で、自宅に残された奥さんの周囲にいるのはハイエンドの奥さん仲間や、購買欲とステータス感を煽るデパートの外商さんたち。

実際「かみさんの浪費が止まらない……」と嘆く大富豪の顧客は何人もいました。人、モノ、金を動かすプロでも、奥さんの手綱は簡単に握れないそうです。

どうせケチるなら
ボトルネックから順番に

07

about
スーツ

選ぶ基準として

一般人は、
好みでスーツを選ぶ

小金持ちは、
誇示できるスーツを選ぶ

大富豪は、
相手にどう見られたいかで服を選ぶ

人の印象を左右する服装術について触れておきましょう。

証券会社に入社した最初の年、新人ながらも大手企業の経営者に飛び込み営業をかけていた私は自分の見た目にかなり気を遣っていました。

スーツは紺かグレーの無地で、シャツは白シャツ一択。ネクタイの柄はあえて若さをアピールするために明るめの色のストライプを選び、学生時代に伸ばしていた髪もバッサリ切りました。

「明るくて若くて爽やかな青年」だと思ってもらうためです。

飛び込み営業はマイナスの印象からのスタートです。しかも学生時代にサッカーのゴールキーパーをしていた私はガタイが大きいので、黙っていても威圧感を与えてしまいます。しかも、新人です。

そんなマイナス要因を、服装による第一印象で補正できるかは死活問題でした。爽やかさを伝えることが目的だったのでブランドものは一切着ていません。

その後、20代後半になった私はプライベートバンカーとして、更に大きな富裕層を担当するようになりました。

仕事への自信もだいぶついていましたし、給料もそれなりにもらうようになったので、髪も少し伸ばし、淡い色のシャツくらいであれば着るようになり、スーツも薄いストライプが入った、少し高価なものを選ぶようになっていました。

このときのファッションの基準は「信頼できるパートナー」として見られるかどうかでした。

余談ですが、大富豪になるほどストライプのスーツを好む傾向があります。若い世代の場合は特に顕著です。

「スーツのストライプは自信に比例する」というのが私の持論で、コントラストがきつく、かつ線が太くなればなるほど一種のトゲを持ちます。自信のなさを隠すためにストライプを着るとものすごくダサいのですが、中身が伴ってくるとしっくり見えるのは不思議なものです。当時の私は顧客の信用を得るべく、控えめながらも「ストライプ組」に近づこうとしていたわけです。

さて現在、ベンチャー企業を率いる私のファッションはもっぱら私服です。金融機関のトップなど堅い業界の上の方と会食をするときは礼儀としてジャケットとネクタイはしますが、スーツを着ないこともあります。

相手に礼は尽しつつも、あくまでも「ベンチャー企業の経営者」として見られた方がメリットが大きいと思っているためです。

このように、ビジネスシーンでのファッションは自分の好みを優先することより、相手に与えたい印象から逆算して決めることがとても大切です。

たとえば、初対面の人と会話をするとき、誠実な人だと思われたいなら終始丁寧な言葉づかいをするでしょう。逆に、距離を縮めたいならあえてフランクな話し方をするなど、目的に応じて言葉を使い分けているはずです。

ファッションもコミュニケーションの手段です。

さまざまな引き出しを持っておいて、うまく使い分けることが肝心です。

そういえば、先日ある地方銀行の頭取の方から興味深い逸話を聞きました。

マイクロソフトのビル・ゲイツが業務提携にあたってＩＢＭを訪問したときのこと。マイクロソフトは当時バリバリのベンチャーでＴシャツにジーンズの文化。一方のＩＢＭは保守的な風土で「ビッグブルー」とも呼ばれるブルーのスーツが基本です。

そこでいざ両者が対面したところ、ビル・ゲイツがスーツ姿で、ＩＢＭ社員がＴシャツにジーンズだったのです。

お互いが譲り合いをしてしまったというわけですね。相手に合わせて服装を想い合うというのはこういった事例を指します。

また、ビジネスファッションでは外見と中身が一致していることも大切です。

優秀なのに安いヨレヨレのスーツばかり着て第一印象で損をしている人や、中身が伴っていないのに服装で過剰にごまかそうとする人。この両極の中間でうまくバランスをとっている人は、実はあまり多くない気がします。

ファッションは自己投資の一種ですし、背伸びは成長に必要です。

ただ、ほかの投資と違ってやりすぎはマイナスに作用する恐れがあります。

それにスーツの支出は大きいですから、若い人がいきなり無理をする必要はなく、スーツもシャツもネクタイも最低限見栄えのいいものを選んで、清潔感を保つところから始めるのがよいかもしれません。

自分磨きの前に相手を見るべし

This is a philosophy

08

about
腕時計

時計選びで
一般人は、
ロゴの目立つタグホイヤー
小金持ちは、
ド派手なロレックス
大富豪は、
地味なパテック・フィリップ

「大富豪はいい時計をする」という定説は大方あっていますが「大富豪は派手な時計をする」というイメージは正確ではありません。

とくにいかついロレックスなど「お金持ちの象徴」とされるような時計は、それ自体のアピール力が強いので敬遠する方が意外と多いのです。

もちろん、芸能人やセレブリティなど、自分の存在感を「盛る」ことが仕事の場合はこの限りではありませんが、ビジネスパーソンでド派手な時計をしている人は調子にのっていると思われたり、信用ならないと思われたりすることもあります。

以前、ある超富裕層の投資家と会食をしているとき、時計の話題になったことがあります。

その方は日頃からお金持ちアピールをほとんどされない方で、街中を歩けば上品なサラリーマンくらいにしか見えません。時計も黒革のベルトに白い天板の超シンプルなものを着けられていました。

普段、時計をほとんどしない私ですら「ちょっと欲しい」と思ったセンスのいい時計だったので、何気なくメーカーを聞いてみたところ、なんと世界最高峰のパテック・フィリップ製。気づかなかった私にも問題があるのでしょうが、余裕で高級車一台が買える代物であるにも関わらず、主張しすぎない、とても落ちついた佇まいの時計だったのです。

「道理で心が動かされたわけですね」と唖然とする私に、その投資家が言われたセリフが印象的でした。

「まあ、今日は近しいメンバーと会うだけだからこれにしたけど、普段はグランドセイコーくらいだよ。基本的にあまり目立ちたくないんだよね。変な人たちが寄ってくるからさ」

このように、大富豪が金持ちアピールを避ける最大の理由は、実は安全面についてです。

お金を稼ぐことにデメリットがあるとすれば、悪い人間を呼び寄せてしまうことでしょう。

私が小さいころテレビで人気者だった城南電機の宮路社長は、ダイヤ入りの特注ロレックスを身に付け、ロールスロイスに乗り、いつも数千万円の現金を持ち歩いていると公言してはばからない豪快な社長でした。

ただ、あとあとになって宮路社長は何度も強盗に遭っているという話を聞いて子どもながらに恐怖を感じた記憶があります。

海外になればこの傾向はさらに顕著になり、これ見よがしタイプの金持ちはボディーガードと自宅常駐の警備員がいるのが当たり前。単独行動するときはいたって地味な恰好をします。

直接的な強盗被害にあわなくても、誘拐、投資詐欺話、美人局、謎の親戚の出現など、悪だくみをする人間はいくらでも湧いてきます。そういった危険をいかに遠ざけるかも大切なことです。

また、あまりに派手な恰好をすると妬《ねた》み嫉《そね》みで意味なく敵を作る恐れもあります。本人は何もしていないのに「あいつ嫌味なやつだな」と思われてしまうこともあるでしょう。

本当の大富豪はできる限り敵を作りません。

自己顕示欲を満たしてチヤホヤされるよりも、謙虚な振る舞いをした方がはるかに得る物が大きいことを知っているのです。

信用や好感を買って、より大きなリターンを得る。

こちらも投資発想と言えます。

なお、これは私がＩＴ業界にいるからかもしれませんが、最近の傾向では若い経営者で時計をしない人が圧倒的に多くなりました。

もししているとしても大半がアップルウォッチです。

何事も効率的に動きたい世代からすれば理にかなっていますし、ウェアラブルが今後進化を遂げることが確実な状況下で、最先端のモノにふれておきたいという心情もあるでしょう。

「社会人で時計をしない人や、遊び感覚の腕時計をしている人は信用されない」という通説は、どうやらＩＴの力の前に道を譲ることになりそうです。

能ある鷹は爪を隠す

This is a philosophy

09

about
車

普段の移動で
一般人は、
公共交通機関を使う

小金持ちは、
高級車を乗り回す

大富豪は、
タクシーを使う

毎日のことになる移動手段についても触れておきましょう。

現役の経営者でバリバリ結果を残している人ほど、公共交通機関をなるべく避けます。基本はタクシーであり、余裕が出てくれば運転手を雇うようになります。若い世代のベンチャー社長たちにはこの法則が9割方当てはまります。

公共交通機関に乗らない理由はいくつかあります。

第一に、鉄道会社などが定めた時刻表や路線図に従うことが時間の浪費になると感じるからです。

車であれば点と点を最短で移動すればいいのに、電車はそうもいきません。せっかちな性格の経営者が多いのも事実ですが、むしろそれだけ時間にシビアであるからこそ成果を出していると考えたほうがいいでしょう。

それに都心部の朝夕の通勤ラッシュは貴重な資源である体力を浪費させますし、満員電車であれば仕事どころか本や新聞もろくに読めません。風邪が流行すればいつ感染するか分からないリスクもあります。

正確性、安全性、交通網の密度などで見れば日本の公共交通機関は世界一優れた移動手段です。でも、それでも物足りないのが大富豪の心理なのです。

では自家用車はどうか。

打ち合わせにポルシェやフェラーリで乗りつける大富豪もいます。働かなくても十分蓄えがある超富裕層や、自分自身のブランド力でお金を稼いでいる芸能人たちであれば、趣味と実益を兼ねられるのでそういった選択肢もあるでしょう。

ただ、ビジネスの最前線で戦っている大富豪にはその発想がありません。

事故のリスクも当然ありますが、なにより車を自分で運転していると、その間、仕事ができないからです。

タクシーを使うにしろ運転手を雇うにしろ、一日のなかで占める比重が決して少なくない移動時間を、自分の好きなように使えることが最大のメリットです。

「時間を買う」という発想がその根底にあります。

仕事はもちろんのこと、移動時間を活用して昼食を取ったり仮眠をとったりする経営者もおおぜいいます。大企業の役員がハイヤーを使うのは見栄のためではなく、生産性を上げるためです。

年収が2000万円で、年間の労働時間が2000時間だとすると、その人の1時間当たりの価値は1万円です。この計算さえできれば電車に乗って1000円節約するより、タクシーに乗って15分（2500円）を買ったほうが高利回りだと気付くでしょう。

This is a philosophy

時間と安全はお金を出してでも買う

10

about
飛行機

海外出張で
一般人は、
エコノミークラスを使う

小金持ちは、
ファーストクラスで王様気分

大富豪は、
ビジネスクラスで英気を養う

仮に3日後にシリコンバレーで用事が入ったと仮定して、成田～サンフランシスコ間の往復運賃を調べてみました（全日空ウェブサイトより）。

エコノミークラス：13万円

ビジネスクラス：63万円

ファーストクラス：154万円

相変わらず、ものすごい差です。

飛行機といえばひと昔前では社長がファースト、部長がビジネス、平社員がエコノミーの印象が強いですが、最近の経営者のほとんどはビジネスクラスを使います。費用対効果でみたときにダントツで優れているからです。

エコノミーとの差は移動が長時間に及ぶほど顕著に現れます。

ビジネス以上に乗れば足を延ばして隣の乗客に邪魔されることなく熟睡できますし、腰がバキバキになることもありません。経営者が海外出張にいくときは過密なスケジュールが詰まっていることが多いので、移動で体力を消耗してしまうと仕事のパフォーマンスに影響が出る恐れがあります。逆に言えば1、2時間のフライトであればエコノミーで十分というお金持ちも多いです。

それ以外のエコノミーとの差としては、エコノミーはラウンジが使えなかったり、優先搭乗ができなかったり、荷物が出てくるのが後回しになることくらいでしょうか。ただ、頻繁に海外出張に行く経営者はマイレージのステータスが高いので、エコノミーに乗ったとしても特典を受けられます。

では価格が2倍近く違うファーストクラスとの違いは何かと言ったら、大した差はありません。

ファーストに乗れば出発前のラウンジで靴磨きやマッサージなども受けられます。機内ではCAが忍者のようにやってきますし、一流シェフ監修の食事を好きなときに食べられます。モニターも大きいので極上のキャビアとシャンパンで映画を楽しむこともできるでしょう。

しかし、そうかといって熟睡度が2倍になるわけでも、仕事の生産性が2倍になるわけでもありません。価格が2倍になるなら成果も2倍以上にならないと、投資ではなく浪費になります。

世界一の大富豪であるビル・ゲイツは自家用の飛行機を所有しているとはいうものの、一般の飛行機に乗るときは「ファーストクラスの料金に何倍ものお金を払ってみたところで、到着する時間は同じだ」として、積極的にエコノミークラスに乗るそうです。

This is a philosophy

必要のないものには一円も払わない

11

about
自宅

自宅を
一般人は、
郊外に買う

小金持ちは、
高級住宅街に買う

大富豪は、
会社の近くで借りる

毎月の固定費として最も大きな支出になりやすい自宅について、大富豪はどのような考え方をもっているのでしょうか。

私の現在の交友関係は30代や40代の経営者が中心になるのですが、みんな揃いも揃って自分の会社の近くに住んでいます。

保有する会社の株の価値だけで何十億円もの資産を持っているのにママチャリで通勤する社長もいますし、オフィスが入っているビルの別フロアに住居を構える「徒歩0分」の猛者もいます。

そういった社長たちに起業する前の住居を聞いてみると、やはりというべきか、勤めていた会社の近くに住んでいた人の割合が異様に高いのです。

サラリーマンの身で会社の近くに住むとなると家賃の負担が大きいので、ボロボロのアパートや極小のワンルームに住んでいたという人がほとんどです。

なぜ住環境を犠牲にしてでも会社の近くに住むのか。

理由は明快で、通勤時間ほどムダなものはないと思っているからです。

終電を気にせず働けますし、都会に住んでいれば人付き合いも活発になりますし、ラッシュでクタクタになることもありません。

オフタイムに仕事のことなど考えたくもない普通の感覚の人なら、こうした発想は異様に見えるでしょう。「会社の近くに住んだら四六時中仕事のことを考えてしまうじゃないか。わざわざ社畜になるのか」と。

ただ、社畜という言葉は仕事をイヤイヤやっている人が使うものであって、仕事が楽しくてしょうがない人には関係のない話です。そして、大富豪になる人やビジネスで成果を出す人は、むしろ四六時中仕事のことを考えられる環境にいたがります。

20代であればまだまだ修行の身。そこで大きな成長を遂げる人は、徹底して修行に集中できる環境を求めようとします。

必死に土壌をつくって種を撒いておくべき時期に、「広いマンションに住みたい」だの「プライベートを充実させたい」だのと収穫の話をすることは、（まったく考えないとまでは言いませんが）少なくとも優先順位が違うと考えています。

いま毎日、長時間電車に揺られている若い方がいたら、ためしに会社の近くの物件を検索してみてはどうでしょうか。「この値段で、こんな都会に⁉」と思える物件が意外と多いことに驚くと思います。

できればそのとき、そこに引っ越したと仮定して生活がどう変わるか現状と比較してみるとよいでしょう。

比較する尺度は、「いかに仕事のパフォーマンスが上がるか」、そして「自己研鑽のチャンスが増えるか」です。収入はあとからついてくるものなので、今は考えなくても構いません。

また自宅選びといえば賃貸か分譲かは常に論争の的になります。

若い経営者のほとんどは賃貸です。今後、家族が増える可能性もありますし、いつ海外にビジネス拠点をうつすかもわかりません。

将来が不確定なら賃貸の方が合理的です。

第一、マイホーム派の主張としてよく聞く「ローンを払ったほうが将来資産になるので得だ」という意見は、あまり正確ではありません。

35年ローンで郊外に木造一戸建てを買ったとしても、ローンを完済したときの建物の資産価値はゼロです。半額でも1／4でもなく、ゼロです。

となると実際の価値は土地代になるわけですが、地方に限っていえば今後空き家が増える可能性が高いわけですから、地価が大きく上がるケースは考え辛いと言えるのではないでしょうか。

それに、分譲の最大のデメリットは低い流動性です。

ローン返済中に突発的な事情で引っ越しを余儀なくされたとしましょう。ローンが2000万円残っているのに資産価値が1000万円まで下がっていれば、売りたくても売れない（まとまった1000万円を用意できない）ケースもよく聞きます。

このように、もし家を買うのであれば実際にそれを処分するときのことまで念頭に置く必要があります。

住む場所を変えると働き方も変わる

This is a philosophy

12

about
別荘

別荘を
一般人は、
買う余裕がない

小金持ちは、
老後のために用意しておく

大富豪は、
もてなしの場として使う

総務省による調査では、自宅以外に家を所有している人の割合は7・3％。仕事場として使ったり、貸し出すために買ったり、ご子息の家族のために用意したりする人も含まれるとはいえ、意外と多い数字ですよね。

別荘については定年退職後にご夫婦で本格移住をする前提で購入される方が多いように感じます。現役のときから休日は別荘で過ごし、地元の方たちと仲良くなっておいてからスムーズな移住を図るのが目的です。

大富豪の場合はどうでしょう。

大富豪は、別荘を「老後のため」や「家族とゆっくり時間を過ごすため」という目的より、「究極のおもてなしの場」として活用している方が圧倒的に多いのが特徴です。家族と休日を過ごしたい、東京の喧騒を忘れたいというのであれば、彼らにはハワイの会員制リゾートなどがありますからね。

そこまでおもてなしを特別視する背景には、大富豪によるインナーコミュニティー重視の考え方があります。

それなりの資産を築く方々は考え方や趣味、関心領域、生活スタイルなどが多くの人とは違います。となると、自然と同じような大富豪と付き合う機会が増えてくるわけですが、そこがまた居心地がよくて刺激にもなるので、ますます閉ざされたコミュニティーの結束が高まっていくわけです。

その点、別荘はホテルと違って自分がホストで相手がゲストであることが明確です。そこに別荘特有の特別感や非日常性が相まって、心ゆくまでおもてなしができます。

ただ、遠方まで足を運んでもらうのも心苦しいので、東京から比較的近い軽井沢や三浦半島、湘南、伊豆などが人気なのです。

そういえば安倍晋三首相も山梨県の河口湖畔に別荘をお持ちで、政財界関係者や記者などを招待している姿を時折ニュースで見かけます。

「インナーコミュニティー」、そして「おもてなし」といえば、富裕層がクルーザーを買う理由も別荘と同じです。都内でパーティーを開くとなるとどうしても商売っ気全開で寄ってくる参加者が混じる可能性が高いですが、メンバーを厳選しないといけないクルーザーであれば一切の邪魔が入りません。

参考までに、クルーザーはあらゆる世代の大富豪に人気ですが、若い大富豪は別荘にあまり関心を持たない傾向が強まっています。仮に買っても海辺のリゾートマンションや海外物件など。時代は少しずつ変わっています。

コミュニティーの価値はときに別荘の値段に勝る

This is a philosophy

13

about
食事

会食の場で
一般人は、
肉料理を優先する

小金持ちは、
星の数で選ぶ

大富豪は、
栄養バランスを優先する

大富豪がいかに健康にお金を惜しまないか、いくつかの例を紹介していくことにしましょう。

たとえば、大富豪に人気なのが、セコムが運営する会員制健康管理クラブ。人間ドッグでは日本に数台しかない高精度の機械を使って、ガンの早期発見ができるそうです。入会金は２００万円、年会費は50万円かかります。

いくらお金がある大富豪でも命だけは買えません。

それだけに、自分の健康の維持にお金を惜しまないのです。

食事についても一切の妥協をしません。

大富豪はほぼ例外なくバランスのいい健康的な食事をします。これは若い世代の経営者を見てもそうです。

普通、20代、30代の飲み会となると浴びるようにお酒を飲み、脂っこい料理や味付けの濃い料理が中心になると思います。私も20代前半までは典型的な偏食をしていましたが、転機が訪れたのは社会人3年目のときでした。

幼いときからサッカー漬けだった私は身体が強く、滅多に体調を壊さないタイプでした。それが、社会人になって体を酷使しすぎたせいか体調がすぐれない日が増え始め、入社3年目のときに人生で初めてインフルエンザにかかったのです。

このような状態に危機感を持った私は、健康本を15冊くらい買って、一気に読み漁りました。すると自分の健康やコンディショニングについての意識がガラっと変わり、食生活もいっぺんしました。いまでは野菜は大好物です。

振り返ると、当時は支店の営業として成果を出していた時期ではあったのですが、自分のなかではもっとレベルアップして次のステージに行きたいという忸怩たる思いがあった時期でもあります。

その資本である体に興味がわいたのは、いま思えば自然なことだと思います。

フルマラソンを走るとき、レース序盤（20代、30代）は何も考えなくても走れたとしても、後半（40代、50代）に入ってからペースを落とさないためには、前半からこまめに水分補給をしているかどうかが明暗を分けます。

This is a philosophy

自己管理は お金持ちの第一条件

大富豪にとっての健康維持とは、後半戦も見据えた水分補給なのです。

いくらモチベーションが高くても、健康リスクは思いだけでは制御できません。だとすれば、大病を未然に防ぐ努力だけは全力でする必要があるだろうという結論に至るわけです。

14

about
運動

運動するなら
一般人は、
ジョギングをする

小金持ちは、
マラソンをする

大富豪は、
トライアスロンをする

前節で取り上げたフルマラソンの例のように、自分の健康に意識が向かない人は確固たる将来像を描けていないことが原因ではないでしょうか。ゴールがなければマイルストーンも行動の指針も無いので、日々の習慣に何の縛りもなくなり、自堕落な方向に流れていっても仕方ありません。

不摂生な生活をしていた男性がはじめての子供を前にして急に健康を気にしだすことがあるのも、子供の成人を見届けたいという20年後の未来像が見えてくるからでしょう。

その点、大富豪は常に目標意識を持っています。

ビジネス成功者は自分を律することが得意だと言われますが、それも目標を持っているからできる話です。

自制心が強くないと続けられない習慣といえば、運動です。

新しい世代の大富豪のなかには、オリンピックでも目指しているのかと驚いてしまうくらい本気で取り組んでいる人が多いです。時間の効果を上げるために専属トレーナーをつけている人もいます。

ＧＭＯインターネットグループ代表の熊谷正寿氏などは筋トレ歴30年。50歳を超えた現在でも自宅に専用ジムを持ち、週に2回、専属トレーナーをつけて肉体の強化に励まれているそうです。

また、最近では経営者の間でトライアスロンが人気です。

著名な経営者を少し挙げてみても、ＵＳＥＮの宇野会長、ベネッセホールディングスの原田会長、ローソンの玉塚社長、塚田農場で有名なエー・ピーカンパニーの米山社長、ホリエモンこと堀江貴文氏など、そうそうたる面子が並びます。

なんとトライアスロン競技者のうち7・9％が経営者であるという調査結果もあります（２０１２年1月16日付の日経新聞）。

世間で「鉄人レース」と呼ばれる、この過酷な競技を通じて彼らが目指しているのは、鋼の体と強靭なメンタルを作り上げることであり、また自分の限界を突破しつづけることで、お金では買えない確固たる自信や仕事への活力につながる充足感を得るためです。

同時に、共通の趣味を通じて経営者同士のつながりを持ち、切磋琢磨できる環境に身を置いているという側面も見逃せません。

やるなら中途半端なことはしたくない。

常に自分を追い込んでいたい。

こうしたストイックさが彼らを今の地位に持ち上げたのでしょう。

極端な場所にずば抜けた人は集まる

This is a philosophy

15

about
店選び

人を誘うなら

一般人は、
ネット上の評価の高い店

小金持ちは、
きらびやかなフレンチ

大富豪は、
人から紹介された和食店

みなさんは飲み会や会食をどこで開いていますか？

経産省の商業統計調査データによると東京都だけでも飲食店は8万8645軒もあるそうです。これだけであればお店選びに迷うのも当然で、ネットの評価をもとに開拓している人も多いのでは。

私の知る大富豪を見ると、会食を開くのは行きつけの和食の店という人が非常に多いです。

たとえば、懇意にしていただいている某不動産コングロマリット企業のオーナー社長は、必ず広尾の決まった和食屋で会食を設け、使う個室まで同じです。

そこまで徹底している大富豪も珍しいのですが、実は呼ばれる方としても道に迷うこともありませんし、お店の雰囲気にも慣れてくるので居心地がよくなります。メニューも少しずつ変わるので食べ飽きることもありません。

行きつけのお店を持つメリットは無理が言えることです。

混雑時に急遽席を用意してもらったり、ゲストの好みに合わせて食材を用意してもらったりと何かと融通が利きます。

相手が取引先でも上司でも、会食の目的はゲストをもてなすことです。大将や女将さんやフロアスタッフが味方として動いてくれる行きつけのお店ならサービスや食事の質が読めるので、ゲストに喜んでもらいやすくなります。

ただ、そのお店のお得意様として特別扱いをされる身になるには、まずそのお店にお金を落とさないといけません。だとすれば、やたらとお店を変えて食べ歩くよりも、ここぞと決めたお店に通い続ける方が合理的です。

いきつけの究極と言えば入店に制限のある一見さんお断りのお店や、会員制クラブ（六本木の「アークヒルズクラブ」や、帝国ホテルの会員制ラウンジ「ゴールデンライオン」など）の存在もあります。こうしたハイエンドな空間での会食は、ゲストに対して一段上の特別感を演出できます。

行きつけのお店であればそれ自体が誘い文句になりやすい、というメリットもあります。「あそこの鯛めし、最高なんだよ。女将さんも美人で愛想がよくてさ」と誘われたら誰しも行きたくなるでしょう。

そこで、若いビジネスマンのために行きつけのお店を決めるコツを少し書いておきましょう。

まずお店のジャンルですが、大富豪の会食は懐石料理や寿司、または素材にこだわった郷土料理のお店など、9割以上が純和食のお店です。

大富豪の会食というと洋食とワインを思い浮かべる方もいるでしょうが、イタリアンやフレンチで会食を開くことはあまりありません（もちろんプライベートでは行きますが）。

なぜならそういった場に参加する人たちは毎日のように会食がある身のため、お腹に負担のかかる料理を敬遠する人が多いからです。

もし自分が毎日外食に誘われると想像してみてください。いくらこってりした料理が好きな人でも、毎晩はさすがに厳しいでしょう。

毎日会食に参加することは、3食中の1食を本人の自由意志で選べなくなることと同義です。だとすればローカロリーでヘルシーな和食で一席設けることが、参加者への最初のおもてなし（配慮）になるわけです。

これは大富豪のコミュニティーにおける不文律となっています。

また、そのお店に個室があることも重要なポイントです。

2人ならカウンターに座ることもありますが、基本的に経営者同士が集まる会食は公にできない話が多いので個室がないと会話が弾まないこともあります。

では実際にどうやってお店を見つけるかといったら、実は行きつけになるようなお店は人から紹介されることが多いです。なかには自分で開拓する人もいますが、それは趣味に近いものがあります。

This is a philosophy

店選びは
相手への思いやりがすべて

大富豪の世界は紹介でなりたっている、と書いても過言ではないくらい、紹介の連鎖が頻繁に発生します。人の紹介、商品の紹介、お店の紹介など。インナーコミュニティーの話をした通り、大富豪は若干閉鎖的な一面があるものの、いったん仲間として迎えてくれたとたん親身になってくれます。大富豪の先輩であればいいお店のストックもたくさんあるでしょうから、いくらでも紹介されるようになります。

16

about
自己投資

自己投資を
一般人は、
ほとんどしない
小金持ちは、
給料の２割を使う
大富豪は、
給料の半分を使う

さて、ここから数節は、とくに若い読者の関心事であろう、自己投資について書きたいと思います。

私が良く知っている建設会社の社長は、中学卒業後に鳶の世界に入り、若くして自分の会社を起こしました。そして25歳のときから稼ぎの大半を六本木や銀座のクラブでの飲食代につぎ込んだそうです。それは自分が遊ぶためではなく、人脈を築くためでした。実際の生活はカツカツで、相当苦労をされたそうです。

しかし、そうやって大人の遊び方を覚え、クラブに出入りする政財界のキーパーソンたちに可愛がられるようになったおかげで、いまでは誰もが知る超巨大商業施設の足場工事を一手に引き受けるような会社に成長。

金融資産は10億円ほどまで膨らみました。

収入や一日の時間に対する自己投資の割合は、当然ながら若いときほど多くなるはずです。

収入が少なければ支出の比重が大きくなるのも理由のひとつですが、もっと大事な考え方を言えば、若いときの投資ほど回収期間が長くなるからです。

たとえば、英会話スクールに通うとしましょう。

50歳で通いはじめても仕事で使える期間はごくわずか。会社員だとすればキャリアはほぼ決まっているでしょうから、英語を覚えたところで年収に大きな差は出ないかもしれません。

一方、新卒の22歳のときから通えば、その後のキャリアの選択肢が一気に広がるでしょうし、同じ会社に勤務し続けるとしても、資格取得の結果として成果に結びつき、ボーナスの査定などに貢献すればペイする可能性は上がるでしょう。


せっかく社会人になって自分でお金を稼げるようになったのに、遊びに使わず自分の成長のためにお金を使えと言われても普通の人には酷です。

でも同世代で自己投資にお金を惜しまない人もいるのです。

その違いは、目線が「今」か「将来」かの差です。

今が楽しければいいと思っている人は「稼いだ給料で楽しまなかったらなんのために働いているんだ」と真っ当なことを言いますが、将来に成功する自分を思い描ける人は、その意見に「私は将来のために働いています」と反論できます。

ちなみに昔ながらの大富豪は現金主義でお金を貯めこむ人が多いのも事実です。ただ、最近の若い大富豪は投資発想が強いので積極的にお金を回します。

Philosophy

今努力することが最大の投資効率になる

17

about
スキル

最初に勉強するなら
一般人は、
とりあえず簿記

小金持ちは、
まっさきにＭＢＡ

大富豪は、
魅力的な話し方

「自己投資するなら何か」という質問に、私は次の4つの分野を挙げます。

・コミュニケーションスキル
・ファイナンスの知識
・PDCA力
・英語

仕事で使うスキルは大きく分けて仕事固有の「職務スキル（プロフェッショナルスキル）」と、どんなビジネスでも使える「汎用スキル（ジェネラルスキル）」に分けられます。私が挙げた4つのスキルはいずれも後者の汎用スキルです。

やる気に満ちている若い人の多くは、早く結果を出そうと必死に職務スキルを磨こうとする傾向があります。しかし、実際は（各自の職務の範疇で）汎用スキルを先に磨いた方が、後々大きな効果が出ます。

まず、汎用スキルの中で特に効果が大きいのはコミュニケーションスキルです。会話力、交渉力、プレゼン力など、営業力に通じる分野は、どの業界、どの職種でも必要となるスキルであり、社外に対してだけでなく、社内に対しても周囲を巻き込む力を得ることができます。これらを身につけることができればどんな組織でも通用しますし、上司や先輩にも一目置かれるようになります。

またファイナンスの知識も汎用性が高いです。

営業、経理、財務、経営企画など直接数字を触る部署ではなくても、数値はかならず絡んできます。財務の視点から会話ができるようになれば、通常新人が相手にしてもらえない役員、部長クラスとも会話ができるようになります。

そしてPDCA力は、正解がすぐに不正解になってしまう変化の激しいいまの時代に重要性が増してきたスキルのひとつです。

ネットの影響により、一生懸命考えて生み出したものでも瞬時に拡散して模倣され、価値がないものになっていきます。つまり、新しい仕組みや新しいノウハウを「いかに生み出し続けるか」が重要になってきたのです。そのためにはPDCAのプロセスをどれだけ高速で回していくかが鍵をにぎることになります。

最後は英語です。

世界でビジネスする上での共通言語ですので外国人を相手に臆せず意思疎通ができるくらいのレベルになっておく必要があります。当然、英語ができれば働きだしてからのキャリアの選択肢も一気に増えますので、まだ時間に余裕のある学生さんこそ、必死に勉強をしてほしいと思います。

一生使えるスキルならメリットを長く享受できる

This is a philosophy

18

about
資格選び

資格をとるとき

一般人は、
必要以上には勉強しない

小金持ちは、
手当たり次第に資格を取る

大富豪は、
抜き出た職務スキルをひとつつくる

汎用スキルを身につけたら今度は職務スキルを習得しないといけません。

職務スキルといえば資格が思いつきますが、大富豪で資格マニアだという人はまずいません。

たとえば、外国語。

英語ができないビジネスマンはグローバルで相手にされませんのでその習得は当然だとして、それ以外に中国語もスペイン語もできますといった日本人の大富豪に出会ったことがありません。

語学力は素晴らしい能力ですし、仕事の効率も上がるでしょう。

ただ結果から逆算したときに本当にそれだけの時間と労力をかける意味があるのかということです。

大富豪は効率より効果を重んじます。

効率とはプロセスの改善。効果は結果の改善。

つまり職務スキルを選択するときのコツは、結果から逆算することです。そうすれば最短距離を見つけやすくなります。たとえば、語学について効果から逆算すると、通訳をひとり雇う方が早い場合もある、ということです。

やたらと資格を取るのも同じで、本人にすれば「就職先が増えるから」、「時給が上がるから」、「将来食べていくのに困らないから」といったさまざまな動機があるのでしょう。でも、本当にすべての資格が必要なのでしょうか。

資格の取得には時間とお金がかかります。これはまぎれもない投資です。そこで得られる結果はしっかり精査されるべきです。

効果重視の資格で最も分かりやすいのがMBA（経営学修士）です。

仮にアイビーリーグのMBAに行くなら2年間の自分の時間と、学費・生活費として、どんなにコストを抑えたとしても1000万円以上かかります。

非常に大きな投資額ではあるものの、年収800万円が1200万円になったら学費と生活費は2年半で回収できます。さらにMBAで過ごした2年間で得られなかった年収（800万円×2）も、プラス4年働けば回収できます。6年半働けばすべてペイできて、それ以降はプラスのキャッシュフローが続くわけです。

もちろん、MBAで築いた人脈も貴重な資産として今後活用できます。

2008年の金融危機以降、MBAの価値は相対的に下がったと言われています。しかし、仮にそうだったとしても、20代で取得してしまえば回収期間はたっぷりあるので、十分、効果を発揮できるはずです。

費用が1000万円以上かかると聞くだけで「そんなお金はない」「自分には関係ない」と思う人がほとんどでしょう。

でも、実際にMBAに自腹でいく人は、経済的なゆとりがある人たちとも限りません。親族や銀行（学資ローン）からお金を集めて、大きな借金を抱えていく人も沢山います。ここでも大事なのは投資発想が持てるかどうかです。

誤解されないように付け加えると、ＭＢＡはあくまでも一例であって、何もＭＢＡに行けば大富豪になれると言っているのではありません。

ＭＢＡの資格が発揮できるのは金融業界、商社、コンサル業界など。たとえば、ＩＴベンチャーで働いている人がＭＢＡをとったところであまり重宝されません。

働く業界よってはファイナンシャルプランナー、税理士、会計士、ＴＯＥＩＣ９９０点などの資格が最大効果を発揮する場合もあります。

すべては結果からの逆算です。

普通の人が自分へ投資することを考えた場合、成長曲線として1次方程式をイメージする傾向が強いと感じます。

時間と労力をかければ着実に結果が増えていくもの。コツコツ増えるタイプなので職務スキルを複数用意したくなってしまいます。

一方で大富豪の考え方は2次方程式（$y=ax^2+bx+c$）に近いと思います。

しなくていい努力を見極める

This is a philosophy

投資の効果が加速度的に伸びる分野を見抜き、そこを集中して伸ばす。その結果、同じ投資額でもより大きな効果を得られるというわけです。

会社経営も似ていて、安定した収益源となる1次方程式の事業モデル（お金と人をかければ収益が伸びるモデル）を回しつつも、どこかで大きな飛躍が期待できる2次方程式の事業モデルにも投資を続ける。

そうすることで会社が大きく成長していくのです。

19

about
休日

休日は

一般人は、
気づいたら月曜日

小金持ちは、
全力で遊ぶ

大富豪は、
遊びながら仕事する

ビジネスで成果を出す人は時間効果と時間効率にこだわる傾向があります。それを端的に示すのが休日の使い方です。

休日を仕事や自己研鑽のためにフル活用する人もいるでしょうし、一切仕事を忘れて私生活を充実させることに専念する人もいると思います。または、土曜は働き、日曜は休むと決めている人もいるかもしれません。

人生のどこに重きを置くかは人それぞれで、時期によっても変わります。

ただ、ひとつ言えることは大富豪の共通点として「仕事の時間」と「私生活の時間」をスパッと分断しないことが挙げられます。

自分ごとで恐縮ですが、私の場合、毎週土曜はまるまるオフィスでの仕事の日にあてています。平日よりデスクワークに専念できるので圧倒的に仕事がはかどります。

では日曜はどうかというと、気分のリフレッシュも兼ねて、ふらっと遠出をすることが多いです。私は海が好きなので湘南に一人で行くこともあります。

そして、そこで仕事をします。

潮風にあたりながら仕事をして、お腹が空いたら美味しい海産物を食べる。これだけで十分英気は養えますし、いつもと違う環境で仕事をしていると新しいアイデアが湧いてきたりします。

こういった休日の過ごし方をしている経営者は意外といることに、私も後から気付きました。

たとえば、ある大手ファンド会社の社長は、週末によく家族で旅行をするそうです。家族との時間を楽しんだあと、滞在先のホテルで仕事に熱中するのが20年来のスタイルらしく、いつもと違う環境なので集中力も高まり、また新しいアイディアが湧いてくるとのことでした。

観光先で仕事をしてはいけないルールなどありません。

Aをしながら、Bをする。この「ながら」発想を持てるようになると時間だけではなくお金の使い方の効率も上がります。

Philosophy

仕事は環境とやり方を変えてリフレッシュ

ディー・エヌ・エー創業者の南場智子さんは社員の方をよく自宅に招待してホームパーティをされるそうです。南場さんのように社員を自宅に招く経営者は多く、家族とパーティィーを楽しみながら、社員とのコミュニケーションを図ることができるので一石二鳥の時間の使い方とも言えるでしょう。

こうして時間を圧縮することで、本業の生産性を上げるのです。

20

about
旅行

旅行プランは
一般人は、
パッケージツアー
小金持ちは、
高級リゾートホテル
大富豪は、
オーダーメイドの旅をする

大富豪は物欲より体験価値を重んじます。

いわゆるモノ消費よりコト消費。

物欲がないと言うと「ウソだろ」と突っ込まれそうですが、自宅が高価な調度品で溢れかえっているのはお金が余るようになったからそうしているだけであって、冒頭で書いた年収２０００万円の話の通り、大富豪になる過程において彼らは無駄な消費をしません。むしろ、物欲がない人ほど大富豪になりやすいと言ってもいいでしょう。


コト消費の最たるものは旅です。

新しい価値観に触れる、人類の壮大な歴史を学ぶ、偉大な自然に圧倒される、心洗われる美しいものに感動する。こうした体験が人をさらに成長させます。

大富豪は現状維持を徹底して嫌います。その点、旅で得られる体験は人としての幅を広げ、視野を高めてくれます。

私の知り合いの会社役員は、どれだけ仕事が忙しくても毎年家族で海外旅行をするそうです。まだ現役の身なので長期休暇が取れるのはせいぜい年に1回。実りの多い旅行にするため富裕層向けの旅行代理店の協力のもとフルオーダーメイドの旅程を練るそうです。

究極の体験価値が得られるといえば、現地の生活に溶け込むバックパッカーかもしれません。富裕層のなかでも若いときに世界を放浪していたという話をよく聞きます。ウォーレン・バフェットに並び世界で最も有名な投資家ジム・ロジャースも、世界を放浪していたことで有名です。

20歳前後の若さで世界を見た人は自国の狭い常識にとらわれることなく、ビジネスの世界でも活躍する人が多いです。

ただ、いざ仕事を始めたらあてのない旅をするほど暇ではありません。かといってパッケージツアーのように上辺だけの旅行で得られる体験価値は少ない。

体験でしか学べないものがある

This is a philosophy

だとすれば効率良く、自分の関心のあるものだけを、深くじっくり堪能するにはどうすればいいか。富裕層がオーダーメイドの旅を好む理由はこれです。

もちろん、東京の喧騒を忘れるために南国の高級リゾートホテルに1週間こもって何もしないというのは、それはそれで贅沢な時間の過ごし方です。自分も将来リタイアしたらそんな旅行もいいのかな、とは思いますが、まだ伸びしろがある人がやることではないかな、とも思います。

21

about
ギャンブル

ラスベガスで
一般人は、
カジノの雰囲気にのまれる

小金持ちは、
大勝負をする

大富豪は、
社交場として使う

日本人でギャンブル依存症、またはその疑いがある人の数は536万人。成人人口の約5％にあたり、男女比は4：1で男性が圧倒的に多いそうです（厚生労働省調べ。2014年）。アメリカで行われた同様の調査では1・58％だったそうで、日本人がいかにギャンブル好きかよくわかります。

大富豪はギャンブルを究極の浪費だと考えています。

たしかにギャンブルでは大勝ちするチャンスはあります。数十倍、数百倍、数千倍の利回りなどめったにありません。

しかし、再現性がないものにお金を投資する発想が大富豪にはないのです。

そもそも宝くじを含め世の中に存在するギャンブルは胴元が最後は勝つ仕組みになっているものがほとんどです。大富豪は勝率が計算でき、かつその勝率を上げることができる勝負しかしません。大半のギャンブルのように自分の力ではゲームの期待値が予測できない戦いには挑まないのです。

ギャンブルで得られる一時のスリルや気持ちの高ぶりはたしかに魅力的です

し、海外で競馬といえば上流階級の社交場です。会員制カジノなども世界の富裕層と知り合うことができる格好の交流の場です。

そうやって目的をわきまえている限りはいいのです。道楽の世界ですからね。

年に数回マカオのカジノに行くという知り合いの資産家を数人知っていますが、その全員が一回の渡航につき必ず上限を決めているとおっしゃっていました。もし滞在途中に損失が上限に達したら潔く負けを認め、香港のグルメツアーに繰り出すそうです。

何年か前に某製紙大手の創業家の社長が、海外のカジノにはまって子会社から総額100億円を私的に流用した罪で実刑判決を受けました。

その記録を見ると2009年にはじめて会社の資金に手をつけたのは数百万円だったそうです。しかし、翌年には一気に5億5000万円を借り入れ。これでタガが外れたのか翌月には10億円近くお金を無心したと書かれています。

自制心が崩壊した瞬間です。

昔から「お酒」と「女性」と「賭け事」は人生を狂わす3大要素と言われています。

ギャンブルで上限を決めるといった例のように、真の大富豪は人間のもろさを理解しているがゆえに、自制心を保つためための「仕組み」を自ら作り出し、誘惑を断ち切ろうとしているのです。

This is a philosophy

運に頼らずとも知恵で勝つ

22

about
マイレージ

マイルを

一般人は、

無料航空券のために貯める

小金持ちは、

VIP待遇のために貯める

大富豪は、

現金の感覚で貯める

日本にはポイントカードが溢れています。小さな店舗が発行するスタンプカードから、複数のフランチャイズで使えるポイントカードまでさまざま。

しかし、大富豪でポイントカードを多用する人は少数派です。とくに立身出世型の経営者は細々としたポイントカードを使いません。

買い物のたびにポイントカードを出す行為が無駄だからです。

大富豪はお金を大切にしますが、それと同じくらい時間を大切にします。

少額の買い物のためにポイントカードを探したり、スタンプカードにハンコを押してもらったりするその数秒間を嫌うのです（その点、決済とポイント付与を同時に行うナナコのようなサービスなら使うという人もいます）。

大富豪の思考では1円を節約する行為と1万円を節約する行為を同列には扱いません。効率的にお金を増やす極意は、最大効果が期待できることに手間を集中することです。

あまたあるポイントサービスの中で最大効果が期待できるのは、航空会社のマイレージポイントです。大富豪でマイルを貯めている人は非常に多いです。しかし、それは飛行機によく乗るからという理由でも、マイルが貯まればＶＩＰ待遇が受けられるという理由でもありません。

マイレージポイントの利点は、交換レートが良いので飛行機に乗らなくても大きな額を貯めやすいことと、ネットでの購買に利用しやすいことにあります。一種の仮想通貨と考えればわかりやすいでしょう。税金もかかりません。

具体的にはＡＮＡでもＪＡＬでもいいのでマイレージサービスと連携しているクレジットカードを使い、外食するときや大きな買い物をするとき、さらに自動的に引き落とされる家賃、携帯料金、光熱費、ネットショッピング決済などをそのカードから引き落とすようにするだけでマイルはどんどん貯められます。

貯めたマイルは、楽天やアマゾンポイントなどの提携ポイントに換金。相場は１００円の買い物につき１マイル。クレジットカードで年に２００万円使えば２万マイルです。普通に生活しているだけで年に一回無料で沖縄に行けるようなものなので、これを使わない手はありません。

自動引き落としにしたほうがお得だとわかっていても、申請の手間が面倒だといってやっていない人も多いはずです。しかし大富豪は、一回の手間でお金が増える仕組みが作れるなら、喜んで手間をかけます。

ちなみに、貯めたマイルを航空券に換えることはあまりしません。レートが悪いことと、早めに予約しないといけないことがネックなのです。

一度の手間でずっと得する仕組みをつくる

23

about
教育方針

子どもには
一般人は、
元気に育ってほしい
小金持ちは、
不自由なく育ってほしい
大富豪は、
自活できるように育ってほしい

最後は、少し志向を変えて大富豪の子女教育について解説したいと思います。

大富豪にとって子女教育は非常に大きな課題であり、そこにかけるお金も高額になる傾向があります。

たとえば、先日会食をした経営コンサルタントの方は、お子さんのためにカリスマ家庭教師をつけているそうです。その費用、なんと年間360万円。

漫画『ドラゴン桜』の主人公・桜木健二のような先生で、勉強自体を教えることより、勉強の面白さを教えることにかけてのプロ。一度勉強の面白さを知ったお子さんは、その後は勝手に勉強するようになるそうです。

超富裕層向けらしいですが予約が殺到しているとのことです。

とくに子女教育に熱心なのはオーナー経営者たちで、子女教育の成果がそのまま事業継承に直結します。子息が育たない限りリタイアもできません。

これは子どもに会社を継がせない場合でも同じです。

資産が増えれば増えるほど、相続する家族にもお金を稼ぐ力が必要になります。

たとえば、地方の地主が亡くなったとします。資産の大半は流動性の低い土地や不動産。しかし、相続税は原則として現金で払わないといけません。不動産が売却できればいいですが、もし買い手がいなければ、現金が底をつきます。

相続税率が最高で55%という世界的に見ても高い日本では、毎年約50兆円規模で相続が発生しており、時には相続破産という悲劇が起こっています。

仮に相続税が払えたとしても、子どもや孫に自ら稼ぐ能力がないと資産は3代で食いつぶされると言われています。

せっかく努力して財をなしたからには、自分の子どもたちが食べていけるようにしたい。それこそ、親心です。

だから子どもの教育にはできる限りお金をかけ、一流のビジネスマンに育てようとするのです。

名門学校での英才教育やインターナショナルスクール、ボーディングスクール、そしてMBA。また、そうした学校にいくための一流講師による個別指導。子供の教育に平気で数千万円を投じるのが大富豪の親たちです。もちろん、その子供が育つ環境（友達付き合い）を重視して住む場所を変えることもあります。

自立した人材に育てるには何より環境がものをいいます。

ハーバード卒が常に引き手あまたなのはテストの成績がいいからではなく、世界から集まった秀才と濃密な4年間を過ごした経験に価値があるからです。インターナショナルスクールが人気なのは、物心ついたころからダイバーシティを肌身で感じることができるからです。

こうした環境づくりにはお金がかかります。

しかし、そこに何千万かかろうと、資産をしっかり引き継ぎ、それを元にさらに大きくしてくれれば、長期的には利回りは何十倍、何百倍にもなります。というより、それくらい稼げないと、相続税分を超える形で資産を蓄えていくことは難しいかもしれません。

それに子どもに稼ぐ力が身についていれば、万が一自分が将来稼げなくなったときに自分を養ってもらえることにも繋がります。

子どもへの投資は、自分への投資でもあるのです。しかも、子どもに対する投資なら回収期間はどんな投資よりも長くなります。

少子化が進んでいるものの教育業界の市場が未だに減速していないのは、親が子供にかけるお金の額が上がっていることを物語っているのです。

This is a philosophy

100年単位でお金のことを考える

第3章

大富豪の
お金の
増やし方

How do millionaires increase their money?

24

about
複利運用

投資をするとき
一般人は、
単利で増やそうとする

小金持ちは、
早く稼ごうとする

大富豪は、
人生単位の複利で考える

本書も中盤に差し掛かったところで、資産運用の話に移っていきたいと思います。まずは運用の基本から解説していきましょう。

資産運用を少しでもかじったことがある方なら「複利運用」という言葉を聞いたことがあると思います。資産運用の基本中の基本です。

詳しくない方のために説明をすると、複利運用とは投資で利益が出たらその利益を消費せずに元本に付け足して、徐々に運用する額を増やしていく運用方法のこと。対義語は「単利運用」で、こちらは元本が一定です。

たとえば、１００万を年利５％で単利運用すると、毎年５万ずつ増えるので10年後には１５０万円になります。

一方、年利５％の複利で運用すると、２年目の元本は初年度の利子を足した１０５万円になります。それを元手に５％の利子がつけば、２年目の最後には１１０万２５００円。こうやって計算していくと、10年後には１６２万８８９５円になります。単利運用より複利運用の方が、資産が大きくなっていますね。

本気で資産を増やしたいなら利子をもらうたびに豪華な食事にいくのではなく、さらに大きな利益を目指して我慢をすることが大事だということです。

参考までに、複利運用には「72の法則」と呼ばれる便利な計算方法が存在します。「年利 × 年数 = 72」というシンプルな方程式で、元本が2倍になる年数（または年利）を簡単に導きだせます。

たとえば、年利7％で複利運用したときに元本が2倍になるまでかかる年数は（72 ÷ 7で）10・28年だとわかります。また、元本を5年で2倍にするために必要な年利は（72 ÷ 5で）14・4％だとわかります。

大富豪であれば常識として知っている方程式です。

この複利運用は実際の投資の手法であると同時に、大富豪はその考え方そのものを実生活に応用しています。

複利運用の根底にあるのは「元本が大きければ大きいほど利益が大きくなる」

ということですが、表現を変えると「複利は運用期間が長いほど効果を発揮する」とも言えます。これがポイントです。

仕事で使う知識・スキルや、人脈など、仕事やお金に直結する分野への投資をなるべく早く積極的にしていくのは、それが圧倒的に有利だからです。

大富豪になる人はその事実を知っているので、20代のうちに小金が入ったとして歩みを止めることなく、仕事と自己投資に没頭するのです。

若い頃の苦労が複利の伸びしろをつくる

This is a philosophy

25

about
リスク管理

投資をするとき
一般人は、
安全性を重視する

小金持ちは、
効率性を重視する

大富豪は、
安全かつ効率的な落とし所を探る

知り合いのライターさんが、一向に増えない貯金を投資に回そうと決意をし、1年ほど前に貯金のほぼ全額に近い1000万円をつぎ込んで中国株をまとめ買いされたそうです。

しかし、購入直後に中国の株バブルがはじけ大暴落。

損切りの決心もつかず、愛想をつかした奥さんとの会話も激減したとか。

みんなが買っているものを後追いする。一点買いをする。損切りのタイミングを逸する。典型的な投資初心者の失敗パターンです。

投資にはリスクが伴うといっても、ある程度コントロールできます。リスク管理の意識なく、ギャンブルだと思っている限り、資産運用はおすすめしません。

投資額が50万円、100万円と小さいうちはかなりハイリスクな商品を選ぶのもアリですが、1000万円もあれば他に手段はあっただろうとつくづく思います。その男気だけは買いますが……。

リスク管理の基本は、投資の格言でもある「タマゴをひとつのカゴに盛らないこと」。つまり分散投資です。

ユダヤ人は昔から金融と資源をおさえると言われています。ロイヤルダッチシェルは裏ではユダヤ系ですし、ＪＰモルガン、モルガンスタンレー、ゴールドマンサックスなどもユダヤ系です。景気がいいときは金融が勢いよく上がりますが、景気が悪いときや大きな有事が起きたときは金融が下がり、資源が上がるのが定説だからです（実際、９・11のときは銀行の株価が急落する一方で、戦争の可能性があるということで資源が大暴騰しました）。

世界経済がこれだけ複雑化した現在、何が上がれば何が下がるといった相関関係を見出すことは高度になっていますが、分散投資の考え方自体は大いに参考になります。

資産運用とは「安全性」と「効率性」の落とし所を見極める作業です。決して効率だけを追い求めることではありません。投資初心者が悩むのも当然なのです。

安全性と効率性の両立という意味では、私たちが支払っている年金保険料の余剰資金を元手に資産運用を行っているGPIF（年金積立金管理運用独立行政法人）も分散投資を行っていて、国内と海外の株式や債券にポートフォリオを振り分けています（ポートフォリオは同法人のホームページで確認できます。http://www.gpif.go.jp/gpif/portfolio.html）。

読者の方に参考になる投資額別のポートフォリオについてはのちほど別項で触れたいと思います。

This is a philosophy

百戦錬磨の一流はいつしか中庸に落ち着く

26

about
ローン

ローンをするとき
一般人は、
利息に苦しむ

小金持ちは、
利息をケチって借りない

大富豪は、
ローンでお金を生み出す

「大富豪はキャッシュをたくさんもっているので、ローンなんてしないだろう」

これが世間一般のイメージです。

しかし、実際は大富豪の人ほどローンに積極的です。

今の日本は超低金利の時代です。ゼロ金利を通り越してマイナス金利すら導入されました。お金を銀行に預けていても一向に増えないのは誰しもが痛感していることですが、逆の見方をすればお金を借りるには最高の状況です（マイナス金利の導入により各種ローンの利息にしわ寄せがくる可能性はあるとしても）。

お金を借りる行為は自分の資産以上のお金を動かせるということですから、一種のレバレッジをかけていることと同じです。個人レベルでもビジネスレベルでも、本気で攻めるときは許容リスク内でのレバレッジが欠かせません。

第一、お金を増やす基本は「元本をいかに減らさずにお金が増える仕組みがつくれるか」です。手元のキャッシュに手をつけずに低金利でお金が借りられるのであれば、それを使わないのはもったいないと大富豪は考えます。

私が東南アジアで華僑の大富豪を担当したときのこと。

いまも当時もアジアの資産家には東京の不動産は人気の投資先で、お客様から「東京のとある物件を買いたいので手伝ってくれ」と依頼を受けました。

しかし、日本の銀行は非常に保守的で、外国人というだけでローンを断ることが多く、融資が下りたとしても日本人とは比べものにならないほど高金利。それでは利益が生まれません。

そういった事情を説明したうえで、「でも、キャッシュであれば売り主も承諾していただけるそうですよ」と伝えたところ、ものすごい剣幕で怒られました。

「不動産をキャッシュで買うバカがどこにいる！　ここでキャッシュを使うなら他のことで使った方がいいに決まっているだろ！」

これが大富豪の考え方です。

ローンを後ろ向きに考えるのは利息がかかるからですが、借り入れたお金で利息を上回る収益が挙げられるなら、ローンは「敵」から「味方」に変わります。

もし新規の投資のために3%でお金を借りて、その結果6%の利益がでたら、借りたお金で3%の利ざやが出ます。

かつてソフトバンクがボーダーフォンを買収したときにレバレッジドバイアウト（LBO）と呼ばれる、日本ではあまり馴染みのないスキームで資金調達しました。事業を担保にお金を借りたのです。

調達した資金は当時のソフトバンクからすると巨額の1兆800億円。

しかし、孫正義社長はボーダーフォン買収によって調達コストを上回る利益が生めると読んだわけです。これだけの規模で利ざやの発想を持てるのは孫社長だからこそできることでしょう。

当然、個人の資産運用でもこの考え方は多用されます。

たとえば、ドルキャリー取引や円キャリー取引と呼ばれるものは低い金利コストでお金を調達して高金利で運用することでその利ざやを狙いにいきます。

また、海外のプライベートバンクの顧客は、株式や債券投資の際に、現金を使うのではなく株式や債券自体を担保にしてお金を借りて、さらに株や債券を買うということもあります。

いずれも「背伸び」でお金を生み出しています。

一般人の感覚では「余剰資金がない自分たちには投資はできない」と思いこんでいますが、それは現金を伴う投資の話だけです。

たとえば、大企業に長年勤めるサラリーマンであれば与信が高いので、中古のワンルームマンション投資のための購入資金（1000万円弱）くらいなら、数百万円前半の頭金さえ用意すればなんなく借りられます。

もっと身近な例で説明しましょう。

たとえば、最新のパソコンを買うにあたって一括で買えるまでお金を貯めるか、ローンを組むかを考えたとき、そのパソコンを買うことで本体価格と利息を合わせた額以上に収入が増えると想定できるなら、ローンで買うべきでしょう。

一括払いにこだわることで機会損失につながりはしないかというところまで思慮できるかが肝心です。

無責任なことはいいたくありませんが、やはりお金を本気で増やしたいなら資金が乏しいうちだろうと、資金が積み上がってきた後だろうと、ローンなり担保なりを使って、リスクの許容範囲で「背伸び」をうまく使い、キャッシュがキャッシュを生む状況をいち早く作り出すことが重要だと思います。

自分だけの力でできることは少ない

This is a philosophy

27

about
大暴落

景気が悪くなると
一般人は、
傍観する
小金持ちは、
損切りする
大富豪は、
買い増しする

リーマンショックで世界経済がドン底まで冷え込んでいたとき、世界屈指の投資家ウォーレン・バフェットはゴールドマンサックスに対して5000億円を超える投資を行い、景気回復後に大きなリターンで売り抜け、しかもその間、利回りも得るという天才的な投資をしました。

相場は心理戦です。

とくに株価が暴落しているときに動くのは相当な勇気がいります。ただでさえ保有している資産が目減りしているときに買い増しをするのは、自傷行為のように感じてしまうのもうなずけます。

しかし、商売の鉄則は安いときに買って高いときに売ること。

株価が暴落しているのであれば、むしろチャンスのはずです。

逆にバブルのときに不動産を買い漁る行為は、株式市場で言えば日経平均が2万を超えた段階で「時代は株だ！」と買いまくっているのと同じです。最近、不動産で儲けている人のなかには、リーマンショック直後に大きく値下がりした不動産を買い集めた人たちもいます。

人間なので心理的なインパクトはあって当然ですが、そのときに冷静な判断ができるかどうかで優れた投資家かどうか判断できると言っていいでしょう。


そういえば証券マン時代にとても印象深い社長がいました。

特定のセクターの株を買う方向で話がついていたのですが、市場が下降を始めたタイミングで連絡を入れるも、まったく動かないのです。

「社長、下がりましたよ」

「知ってる。まだ買わない」

後日、さらに株価が下がったので再度連絡するも、

「まだまだ」

の一点張り。

そしてついに市場が完全に冷め切って、外回りをする気すら起きない意気消沈

した営業マンたちで埋め尽くされた静かなフロアに、その社長からの電話の呼び出し音が響き渡りました。

「今どう？ よし、1億行こうか」

その後、市場が持ち直したのでこの社長は大儲け。一見、天才的に見えますが、社長本人からすればものすごく冷静に市況を見ていたにすぎないのです。

心頭滅却すれば火もまた涼し

This is a philosophy

28

about
100万円

ボーナスは
一般人は、
まとまった額になるまで貯金する

小金持ちは、
国債を買ってみる

大富豪は、
攻め中心のポートフォリオを組む

資産運用の初心者がボーナスで100万円入ったとして、それを元手に大富豪を目指すならどのようなお金の使い方をするのがベストなのでしょう。

ありがちな選択は、100万円を定期預金にいれたり国債を買うなどして、安全に増やそうとすることです。しかし、計算すればわかりますが、100万で年利0・5%稼いだとしても、5000円にしかなりません。

もし100万円の元手で資産運用を本格的にはじめたいなら、やはり利回り10～20%が狙える商品への投資が欠かせないでしょう（もちろんその際は、逆に10～20%負けてもいいという覚悟も必要です）。

もし若い世代の方で、金融市場のタイミングが悪かったり、資産運用に踏ん切りがつかないのであれば、無理をして資産運用をはじめる必要はありません。全額、または一部を自己投資に回してもいいと思います。

ちなみに投資と貯蓄のバランスは、年齢を重ねるごとに貯蓄の割合が増えていくことが自然です。でも、若い人は今後も給料のキャッシュフローがあるわけですから、どんどん投資に向けた方がいいと思います。

大まかな目安をあげるなら、年収1年分は貯蓄に回し、それ以上は投資に回す。仮に投資に失敗したとしても、FXでレバレッジをかけるなど、よほどハイリスクな投資を行うか、金融危機のときのような非常事態が起こらない限り、負けてもせいぜい投資額の半分くらいでしょう。そこで手を引けば、1年分の貯蓄も残っているので、いきなり生活に困窮する可能性は低いはずです。

さて、みなさんの参考になるように、資産運用額に応じた私なりのポートフォリオを考えてみました。

用意したのは100万円、3000万円、そして1億円の3パターン。運用額に応じて目的は変わってくると思うので、それぞれ「攻め」「中間」「守り」の配分を変えていることにご注目ください。

まず、100万円のポートフォリオです。

これをいかに増やせるかでその後の資産の増え方がまったく変わってくるの

図1　100万円のポートフォリオ

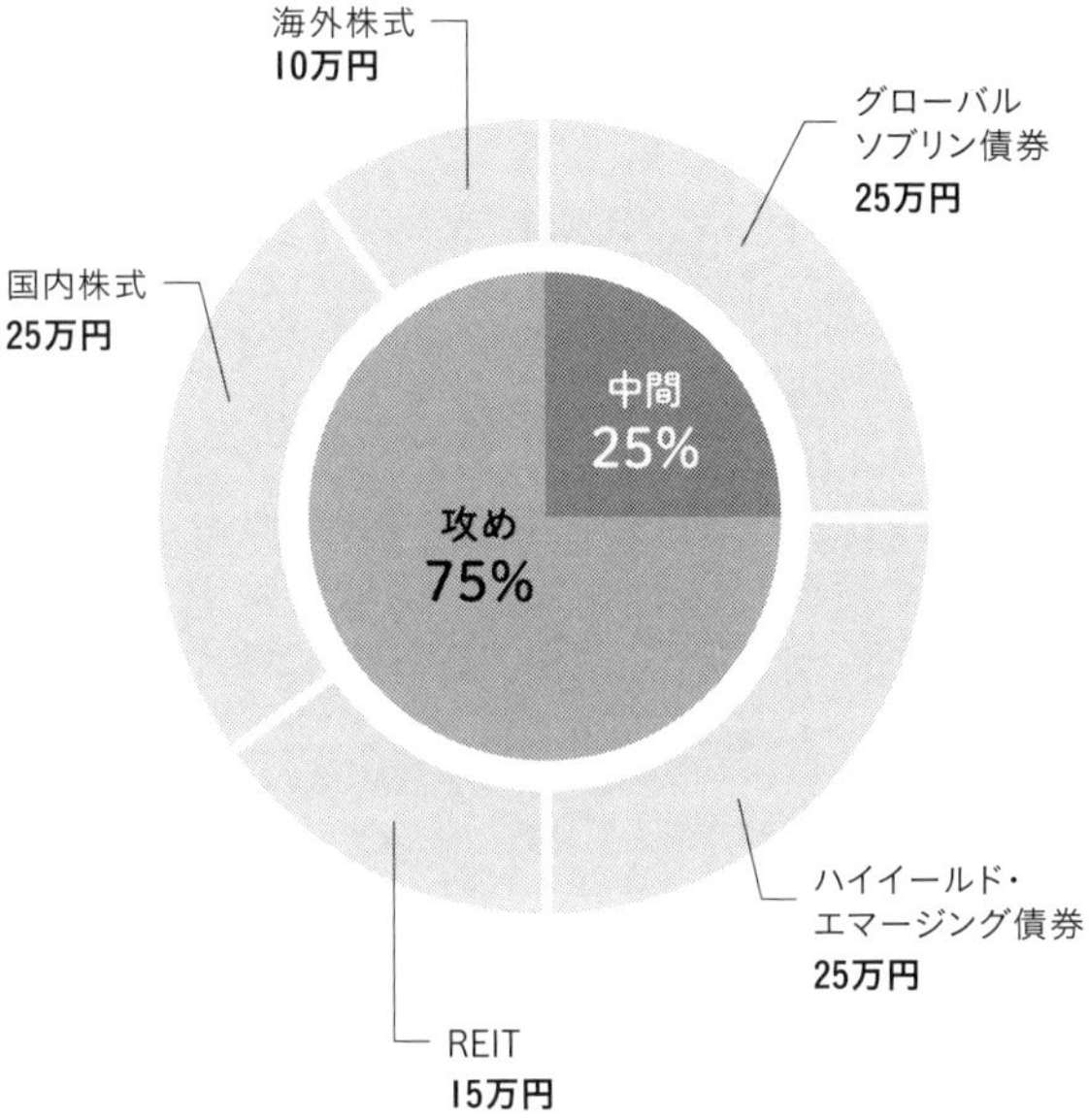

で、「守り」の商品は入れていません。中間の商品としてグローバルソブリン債に25%配分した以外は、すべて攻めの商品です。

攻めで大きな比重を占めるのは国内株式とハイイールド（高利回り）エマージング（新興国）債。株式は目下復調傾向にあるため、数年単位で判断を下すことは避けたいところです。一方で、エマージング債は当面高利回りが続くと予想されます。このＥＴＦは米国上場しているので米ドル建てとなりますが、２０１６年に入ってから円高への振れが大きいものの、アベノミクス以降の大きな円安トレンドの中にいますので、攻めの主力として期待していいでしょう。

次は、３０００万円のポートフォリオです。

30代、40代でこれだけの運用資金が用意できるのであれば、守りの要素もいれつつ、基本的には攻めていっていいと思います。守りとは定期預金やＭＲＦなど元本を確保する商品のことです。攻めの主力は先ほどと同様、ハイイールドエマージング債と国内株式ですが、万が一シナリオが外れた場合に、逆の動きをする

図2　3000万円のポートフォリオ

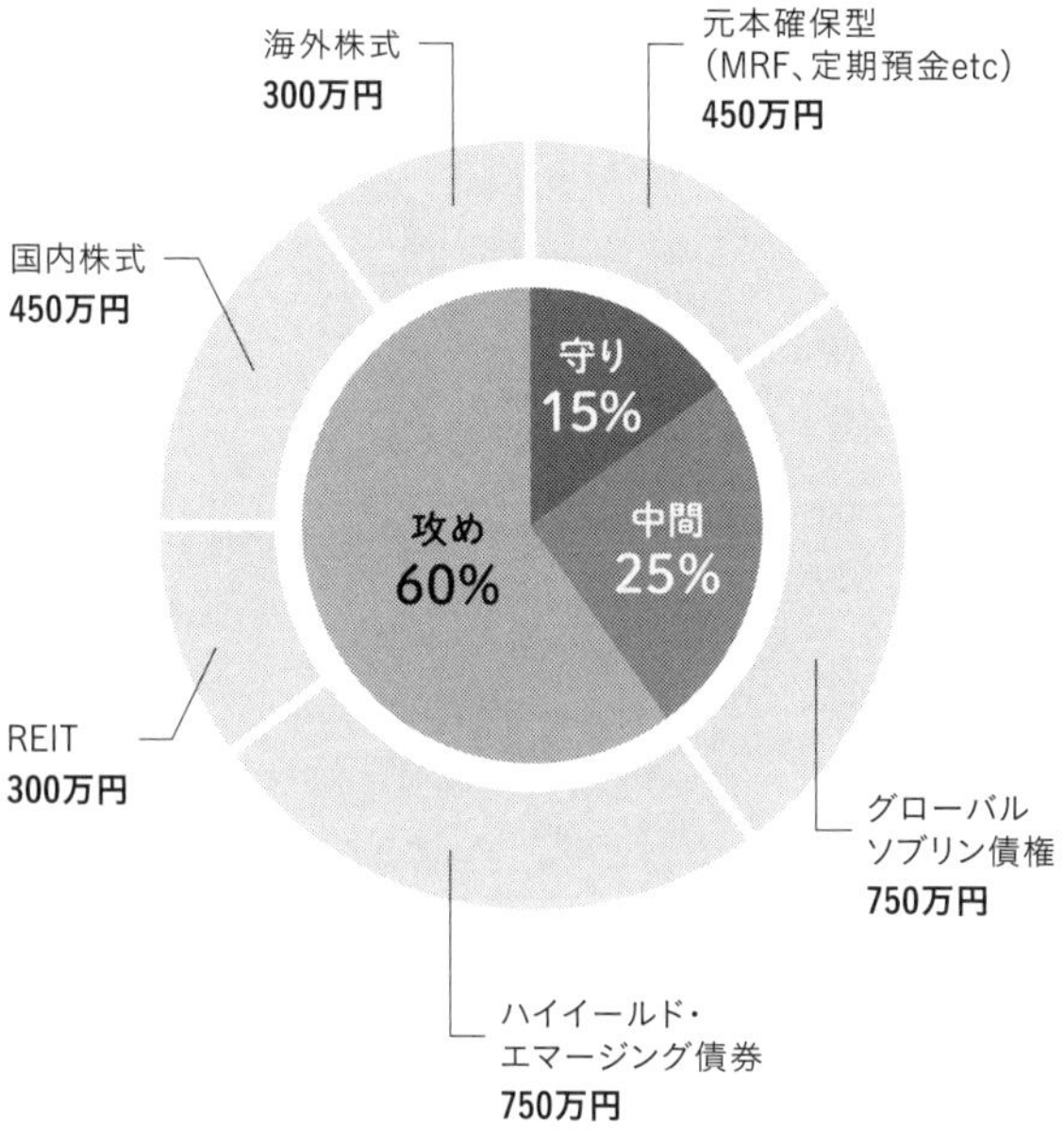

図3　1億円のポートフォリオ

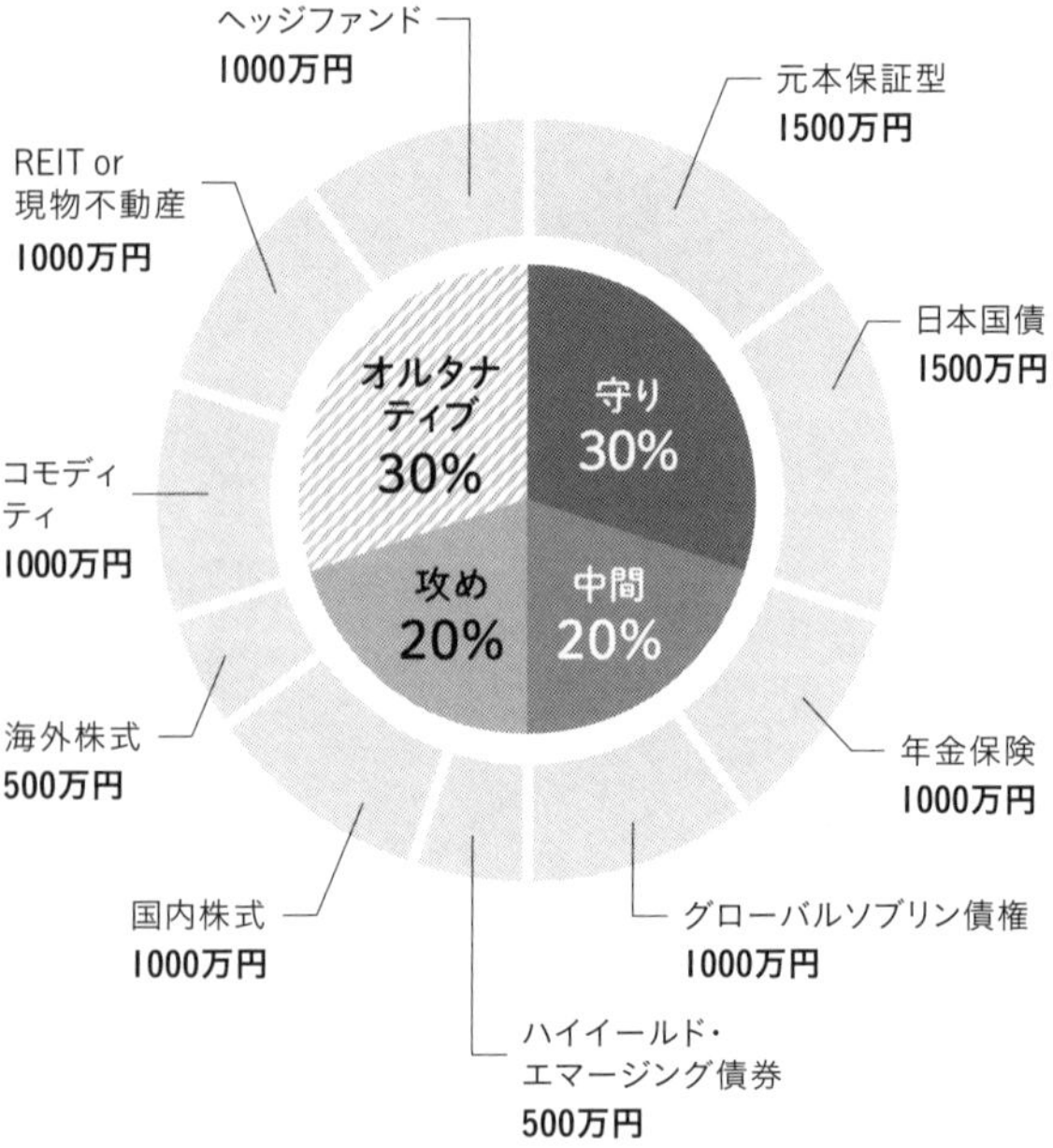

先進国ソブリン債を中間の商品として用意していることがポイントです。

最後に1億円のポートフォリオです。

年配の大富豪であれば攻めに出る必要はないので、守りを大きくします。

3000万円のときと違うのは（最低投資額が高価なため）富裕層の特権とも言えるオルタナティブ投資の存在です。たとえば、現物不動産投資の1000万円とは、それを頭金として融資を受けて1億円の投資物件を買うことを表します。

目標を逆算して投資スタイルをつくる

29

about
投資信託

投資信託で
一般人は、
毎月分配型で資産を食い潰す

小金持ちは、
アクティブ投資信託を買う

大富豪は、
ETFで自前のポートフォリオを組む

はじめての資産運用で投資信託を選ぶ人は非常に多いです。

しかし、それで大儲けをしている話をあまり聞きません。

想像するに、投資に不慣れな人が資産運用と言って思いつくのは、通い慣れた銀行や郵便局の窓口であり、そこで勧められるがまま投資信託を買うのでしょう。まったく知識がなくても「専門家」が親切丁寧に教えてくれますので、疑問を持たないのだと思います。

投資に慣れた人は投資信託を疑ってかかります。もっと正確に言えば、その手数料の高さを気にするのです。

典型的な投資信託の商品では申し込みをした段階で手数料として3％取られ、さらに運用期間中は信託報酬として毎年2％取られます（いずれも商品によって異なります）。

とくに投資初心者の場合、難解な商品説明を理解しようとしている最中に、さりげなく手数料について触れられるだけなので、多くの人は「数%か。まあ、貯金するよりいいか」と流してしまうことが多いようです。

しかし、それの意味するところは合計5%のハンデをいきなり背負いながら、「さて、1%でも高い利回りの商品はないかな」と真剣に検討しているという、不自然極まりない状態であるわけです。

大富豪は銀行の手数料ですら気にする人種ですので、手数料の割高な投資信託については、その手数料を大きく上回るリターンが見込める有望な商品ではない限り、あまり手は出そうとしません。

また最近では「貧乏老人」という言葉が独り歩きをしている影響か、老後に不安を感じて退職金を投資信託に注ぎこむケースをよく聞きます。

そこで人気なのが「毎月分配型」と呼ばれる商品です。

毎月お金が口座に振り込まれると儲かっている気分になってしまいますが、実際は、自分で払った元本が取り崩されてお金が振り込まれている投資信託も多いのが実態です。これはタコが自分の脚を食べている状態に似ているため、皮肉を込めて「タコ足配当」と呼ばれています。

このタコ足配当でも、リタイア層からすれば、公的年金は2ヶ月に1回しか支給されないので毎月お金が入る安心感はあると思います。でも、自分のお金を他人から振り込んでもらうために資産をリスクにさらし、さらに高い手数料まで払うことが、本当に理にかなっているのか、冷静に判断する必要がありそうです。

もしお金を増やしたいなら元本を積み増していく複利運用の考え方が基本。最初から「再投資型」の投資信託に入って、どうしてもお金が必要なら一部を切り崩す方法もあるのです。

それに、投資信託の利回りは他の金融商品と比べて突出して高いわけでもありません。実際、投資信託の商品として売られているファンドの一部は、インデックス（日経平均やトピックスなど市場全体の値動き）の利回りには勝てないと言われているものが存在します。

つまり、一見好調なファンドがあっても、実は日経平均などのインデックスはそれ以上に値上がりしているケースが多々あるということです。

そこで現在注目を集めているのが、インデックスの値動きに連動するＥＴＦ（上場投資信託）と呼ばれる商品です。こちらを買う方がパフォーマンスが高いと考える人が、金融危機のあと欧米で増えだし、最近は日本でも感度の高い投資家たちを筆頭に、ＥＴＦの取り扱いが増えてきています。

ちなみに「インデックスファンド」と呼ばれる投資信託も存在するので間違えないようにしてください。インデックスファンドもＥＴＦも、インデックスに連動する点では同じですが、ＥＴＦはより株の取引に近く、金融証券取引所の取引時間内に好きなときに売り買いができ、また、これが重要なのですが、手数料と信託報酬がインデックスファンド（やその他の投資信託）より安いのが特徴です。

ＥＴＦはどの証券会社からでも買えるので、手数料の安いネット証券を使えば

This is philosophy

手数料はボディーブローのように効いてくる

原資の0・1％以下、信託報酬も、たとえば「上場インデックスファンドTOPIX」（これもETFです）なら0・088％です。

ETFは国内の株式以外にも債券、海外株式、リート（不動産投信）、通貨、コモディティ（商品）など様々な種類があります。

「手数料が安くなる＝全体の利回りが上がる」ということですので、うまい投資家はETFを自分で組み合わせてポートフォリオを組んでいます。

30

about
不動産投資

不動産投資は
一般人は、
高くてできないと思っている

小金持ちは、
転売目的で買う

大富豪は、
長期収入源として買う

不動産投資の目的は2つに大別されます。

・物件の値上がりを期待して買うキャピタルゲイン目的
・月々の家賃収入を期待して買うインカムゲイン目的

投資家が不動産屋にいくとどちらが目的なのか最初に聞かれます。

まずキャピタルゲイン目的ですが、短期で利益を出せる可能性を秘めているものの、値上がりしそうな物件をいち早く見つけることがまず大変ですし、物件自体の建物価値は時間と共に下がる運命にあります。さらに、不確定な情報（怪しい情報）をもとに判断するケースもあるので、難易度はかなり高いです。

ということで、実際、不動産投資の中心となるのはより長期的な視野にたったインカムゲイン目的の投資になります。

家賃収入が目的であれば、物件がある程度値下がりしても収益があげられる前提で物件を選ぶので、よりリターンが見えやすくなります（実際は税金対策としても人気なのですが、それは別の項目で解説します）。

不動産投資目的で銀行から融資を受けるときの金利は、固定の場合、1～2％前後が相場。一方の賃貸収益は5％前後のものが多いので、投資の利回りは3％前後ということになります（売買手数料、管理費・修繕費、税金などを除く）。

不動産投資のリスクは入居者がいなくなることです。

今後人口が減る地方では起こりうることですが、東京ではよほど劣悪な条件ではない限り、家賃を下げるか、設備を新しくするか、仲介会社に販売コミッションを払うかなどの手立てを打てば、空き家の状態が長く続くことはあまり考えられません（賃貸住宅の全国平均空き家率は19％なのに対して東京は14・5％）。

むしろ、一番のネックは出口戦略（どのタイミングでどうやって物件を処分するか）になるでしょうから、そこさえ専門家のアドバイスをもらうなり自分で勉強するなりして対策を練っておけば、不動産投資は金融商品による投資に比べると比較的手堅いと言えます。

それに不動産投資なら、想定していた利ざやが取れないときには物件を売ってローンを返済してしまえば深手を負う前に身を引くことができます。銀行で不動産ローンを組むときは、銀行側の調査による物件の担保価値までしか融資しませんから、物件を売ってその分を返せば大惨事にならないことがほとんどです。

原資が少ないうちは中古のワンルームマンションくらいしか買えないのでいきなりマンション成金になるのは難しいですが、資産運用の選択肢のひとつとして検討する価値はあります。

投資金額の大きさに惑わされるな

31

about
物件選び

不動産投資をするとき

一般人は、

新興住宅地を買う

小金持ちは、

東海道線沿いを買う

大富豪は、

山手線の内側を狙う

先ほど少し触れたように、不動産投資は物件の立地選びが勝負です。

大企業の工場が近くにあるから単身住宅の需要があるだろうと見込んで新築のアパートを建てたら、工場が閉鎖になって誰も住んでくれないといった類の話はよく聞きます。

また、最近ではインバウンドの需要が高まり、名古屋を中心とした東海道線沿線が期待できるという話も聞きますが、どこまでの需要なのかは不確定です。

ただ、今後、10年たっても需要があり続ける土地があります。

それが東京の心臓部である山の手線の内側。とくに駅近です。

日本全体では２０１０年から人口が減り続けていますが、東京圏の人口は増え続けています。

野村総研の報告によると東京圏の世帯数がピークアウトするのは２０２５年と予想。また、東京23区のうち中央区、江東区、港区の３区についてはさらに中長期的な人口増加が見込まれるという報告がなされています（野村総合研究所「日本の不動産投資市場2015」より)。

現在、日本の首都圏（グレーター東京）の人口は約3800万人。ダントツで世界一で、2位のジャカルタの3000万人を大きく引き離しています(Demographia「World Urban Areas」より)。また、経済規模でみても世界一で、GRP（域内総生産）は1兆5千億USドルもあり、ニューヨーク(1兆2千億ドルで2位）よりも大きいのです（ブルッキングス研究所による2012年の発表値)。

つまり東京は世界最大の不動産市場でもあるわけです。

そのコアである山の手線内の需要が今後も高いことは明白です。どれだけ老朽化した建物であっても、都心部で家賃の安い物件を探しもとめる人は必ずいますし、若干手を入れればAirbnbなどでの活用も残っているでしょう。これだけ人が集まる場所であれば何かしらお金を生む手段はあるのです。

2020年のオリンピックに向けた需要や、円安の影響で海外投資家の目が向いているという側面もあるでしょう。実際、私の知り合いのシンガポールの大富豪と1年ほど前に東京で再会したとき「日本はまるでバーゲンセール中だな」といわれました。

ただ、そのような短期的な需要がなくても、東京の市場は構造的に下がりにくいのです。「需要があって値下がりしにくいのであれば、多少高くても買う」というのが大富豪の考え方です。

社会変革の狭間にチャンスが隠れている

This is a philosophy

32

about
外貨

外貨といえば
一般人は、
旅行で余ったコインを取っておく

小金持ちは、
外貨預金をする

大富豪は、
外貨MMFやFXで外貨を買う

２０１５年のマスコミの論調では、アベノミクス効果による円安誘導とそれにともなう輸出の増加、株価の上昇は、総じて好意的に捉えられていました。

このとき激怒していたのは資産の大半を円で保有する日本の大富豪たちです。

ここ数年、円ドルの為替変動はすさまじいものがあります。お忘れの方もいるでしょうが２０１２年の秋の時点で１ドルは80円でした。それが翌年春に１００円台まで上がり、２０１５年には１２０円台に突入したのです。

執筆時現在では若干の円高トレンドであるとはいうものの、まだまだ安いだろうというのが大富豪の平均的な総意です（前節で触れたような海外投資家や、急増するインバウンドの旅行客にすれば嬉しいことでしょうが）。

資産家にとっての最大の悪夢はハイパーインフレによって紙幣が紙切れ同然になることです。ただ、自国がインフレにならないとしても、世界のマーケットで自国の通貨価値が２／３になってしまっては、事実上のインフレです。

たしかに、その間、株価は大きく上昇しました。ただ、株価が上がったとしても、その分通貨の価値が下がれば利益は吹き飛ぶことになります。

これほど為替が急変するのであれば、資産を外貨に変えることは資産を増やす次元の話を通り越して、資産防衛の手段として必須になるでしょう。たとえば、日本円とドルを半分ずつ保有しておくことで、米ドルに対する為替変動リスクを相殺するといった防衛手段も、決して極論ではなくなってきているのです。

ただ、そうはいっても普通に外貨預金をすると、金融機関によっては高い手数料が足かせになってしまうのが現状です。

そこで金融に詳しい人がよくやるのは、外貨預金と比べて手数料が半分以下に抑えられることもある、証券会社の外貨ＭＭＦを使うことです。

ＭＭＦとは「マネー・マーケット・ファンド」の略で、一種の投資信託です。元本が保証されているわけではありませんが、比較的安全な貯蓄型商品だと言われています（ファンドに組み入れられている金融機関が破綻、または信用不安が起きたときに、元本割れを起こしたケースは存在します）。

また は裏技的にＦＸを使う手もあります。

一般的にＦＸは高いレバレッジをかけた勝負師たちが使うツールだと思われがちですが、ＦＸのレバレッジを「１倍」にしてしまえば、お金を預けていることと同じになります。しかも、外貨ＭＭＦよりも更に手数料が安いのです。

しかも、いくつかのＦＸ会社ではそれを外貨として引き出すことができるため、非常に割安な交換レートで外貨に両替することもできるのです。

使い方次第で、世間の評判と逆になることもある

This is philosophy

33

about
株の銘柄

株を買うなら
一般人は、
みんなが買っている株
小金持ちは、
値上がりしそうな業界の株
大富豪は、
景気に左右されない業界の株

投資といえば株を真っ先に思い浮かべる人もいるでしょう。

株式投資は大別すると、不動産投資と同じく、株価の値上がりから収益をあげるキャピタルゲイン型と、毎年の配当を収益とするインカムゲイン型に分かれます。

不動産投資と大きく違うのは、株式の世界ではキャピタルゲインを狙っている人が圧倒的に多いことです。

私はキャピタルゲイン狙いが悪いとは思いません。

ただ、資産の大部分をキャピタルゲイン狙いにすることは、あまりにリスクが高すぎることは明らかです。せっかく築き上げてきたものをリーマンショックでほとんど失った人たちを大勢見ていますので、なおさらそう思います。事実、大富豪の多くも「いまさらキャピタルゲインに血眼になってもねぇ」と、乱高下の激しい株式市場を一歩引いた立場から見られている方が多いです。

もちろん大富豪でも将来大きく値上がりしそうな銘柄があったら興味を持ちま

す。ただ、それを買うときはあくまでも失ってもいい額しか買いません。

大富豪にとって株式投資の軸となるのは、より確実なインカムゲインです。

「でも、株の配当って安くない？」と思われた方。正解です。

企業の配当は年１～２％くらい。その他の金融商品と比べても低めです。

もし１０００万円を投じても、５年で５～10％（５０～１００万円）、10年で10～20％（１００～２００万円）の収益しかあげられません。

ただし、これはあくまでも単利で運用した話。

複利運用では配当や利息で増えた額をその都度元本に組み込んで運用します。

そう考えると配当目当てでも運用次第で十分お金が増えるわけです。

それに配当以外にも株主優待の存在も見逃せません。

航空会社であれば国内線の半額チケット。アパレルブランドであれば株主限定の即売会への招待券。食品メーカーであれば現物の支給。

普段、自腹で購入しているものや自分が本当に好きなものであれば、株主優待とはいえ現金をもらっているようなものです。

以前、当社の編集部が発信した記事で、株主優待を数値化して実利回りとして算出してみた結果、配当と合わせて最高で13％という企業もあったくらいです。

ただ、インカムゲイン目的で一番恐ろしいのは、企業の業績悪化で無配当になるときです。それを避けるには、なるべく景気に左右されない業界の銘柄や財務基盤がしっかりした銘柄を選ぶことが求められます。

そこで私が前職時代にお客様へすすめていたのが「医薬品セクター」です。

過去の配当実績を見れば、大手各社は2～3％台のところが多く、金融市場の状況によっては4％台が多くなることもあります。それはそうで、「景気が悪いから薬を飲むのをやめよう」と思う人はまずいません。

このように、業績に大きな波が立ちづらい業界のことを投資用語でディフェンシブセクターと言います。

インカムゲインを前提で銘柄を選ぶ大富豪は、こういうところを狙っているのです。

キャピタルゲインばかりを重視して、「どれだけ大きく増えるのか」という基準だけで物事を見ていると、いつか足元をすくわれる危険があります。

資産運用は9連勝していても、1つの大敗ですべてが台無しになることがしばしば起こります。資産が少ないうちはハイリスクを負う必要がありますが、資産が増えた大富豪はわざわざ大勝負に出る必要はありません。

むしろ「どれだけ確実に増えるのか」という基準で、コツコツと10連勝、20連勝をしていく。

これが大富豪による投資の特徴です。

手堅く勝ち続けることに大きな価値がある

This is a philosophy

34

about
ファンダメンタルズ

ファンダメンタルズ指標を
一般人は、
そもそも読めない
小金持ちは、
PERを重視する
大富豪は、
PBRを重視する

少し難しい話になりますがご了承ください。

投資先の判断の過程で行うファンダメンタルズ分析においてしばしば議論の的になるが、ＰＥＲ（株価収益率）を重視すべきか、ＰＢＲ（株価純資産倍率）を重視すべきかの判断です。

簡単に説明しますと、ＰＥＲとは「会社の時価総額を会社の純利益で割った値」です。もしわかりづらかったら、次のように考えていただいても構いません。

ＰＥＲ＝株価÷一株あたりの純利益

（一株あたりの純利益は、純利益を発行株数で割れば計算できます）

株価が１０００円で一株あたりの純利益が40円なら、ＰＥＲは25倍。

25倍という数字が意味するのは「この会社の株を買ったら、投資資金の回収に25年かかる」ということです。

「ＰＥＲが低いほど株価が割安である。だから買いだ」ともいえますし、逆に「ＰＥＲが高いほど市場がその企業の成長力に期待している。だから買いだ」ともいえます（純利益が小さいのに株価が高いとＰＥＲが高くなるため）。

ちなみに東証1部上場銘柄の平均ＰＥＲは約15倍です（日経のサイトで確認できます。http://www.nikkei.com/markets/kabu/japanidx/）。ＰＥＲは業界によって水準が異なる特徴があり、ＩＴ企業の場合は50倍、１００倍ということもありますし、建設業や不動産業では5倍、10倍ということもあります。

たしかに株価の割安感や成長力をはかるひとつの指標ではあり、ファンダメンタルズ分析で最も重要な指標だと言われることもあります。

ただ、ＰＥＲの大きな欠点は、その指標の基になる企業の純利益が一年ごとに大きく変動する可能性があることです。

過去数年でＰＥＲがどう推移しているのか、同じ業界と比べてどうなのかといった精査をしないと判断を間違える可能性があります。

一方のＰＢＲは、いたってシンプルな指標です。

具体的には、

PBR＝時価総額÷純資産

または、

PBR＝株価÷一株あたりの純資産

（一株あたりの純資産とは、純資産を発行株数で割って計算できます）

純資産とは資本金や利益余剰金のことで、いまその会社が解散したとしたら、いくらお金が残っているのかを示すもの。正式には株主資本といいます。

理論上、PBRは「1倍」が基本ですが、実際に東証一部の平均は1・1倍程度となっています（先ほどの日経サイトより）。

1倍というのは、実際に会社が持っているお金と、市場が決めた会社の価値が釣り合っている状態のことを指します。

PBRが低い会社（1倍に近い会社）は「割安な株」と判断されますし、逆にITセクターのように資産は少なくても収益率が高い産業の場合、PBRが高くなります。

さて、前置きが長くなりましたが、中長期の投資に長けた人は、後者のPBRを重視します。毎年コロコロ変わる純利益を基に計算されたPERよりも、PBRはより永続性のある指標だからです。

たとえば、企業が一回赤字決算をしようものならPERは最悪です。でも、実際企業は一回の赤字くらいで資産（バランスシート）は大きく変わりません。

PBRはバランスシートしか見ていませんので、時代の移り変わりや市場の気ままなムードなどに左右されにくい指標なのです。

ちなみに阪神電気鉄道の敵対的買収で世間を騒がせた村上ファンドは、完全にPBR狙いでターゲットを探していました。同社以外にも、世界の買収ファンドの多くはPBRに目をつけています。

実は世の中にはPBRが1倍以下の会社、つまり会社の保有する資産より株価が安い状態の会社が存在します。

ＰＢＲが０・９倍だとしたら、１万円の価値があるものに９０００円の値札がついているようなもの。９０００円で会社を買収して、１万円分の資産を売り払ってしまえば、その差額が儲けとなるわけです。

なにもみなさんにＰＢＲ１倍以下の会社を狙えというわけではありませんが、そういった指標の使い方もあることくらいは覚えておいて損はないでしょう。

This is a philosophy

潮流が変わっても ブレない判断軸を据える

35

about
株価予測

その企業の将来性を
一般人は、
チャートで読む

小金持ちは、
財務諸表で読む

大富豪は、
経営者で読む

本業の傍ら資産を増やすべく株式投資する大富豪にとって、主眼はあくまでも中長期で利益を出すことです。

そのポートフォリオの中枢をなすのは、先述した通り、安定した配当が見込める銘柄ではありますが、そこでリスクを抑えた分、大きな成長が見込めそうな企業への投資も忘れません。

そこで必要な能力は、企業の成長力の目利きです。

そのとき、本当に優秀な投資家は財務諸表を分析するだけではなく、経営者をみます。なぜなら財務諸表から見えることは、過去（バランスシート＝ストック）と現在（損益計算書＝フロー）に過ぎないからです。

会社を動かすエンジンは社員たちであっても、その方向性を決める鍵は経営者もしくは経営陣にあります。

とくに大事なのは経営者の人間性であり、どのような信念を持っているのか、どれだけ情熱を持っているのかといった比較的アナログな基準です。

ベンチャーキャピタリストが投資先を選ぶ過程とまったく同じで、いくら儲かりそうなビジネスモデルでも経営者に魅力を感じなかったらお金を出そうとは思いません。逆に、若干粗さの残るビジネスモデルでも、経営者に光るものや情熱を感じれば未来に投資することが多いのです。

資本金が1000万円にも満たず、サービスもまだ開発途中であるようなベンチャーに10億円の価値がつき、1~2億円の資金調達をすることがザラに起きる時代になったのが、それを物語っています。

「そうは言っても個人投資家が経営者に直接会うわけにはいかないだろう」

と思われるかもしれません。

しかし、SNS、書籍、経済誌、新聞、ネット記事、講演会など、本気になればいくらでも情報は集められます。それに、いまや個人投資家向け説明会を開催するところも増えてきましたし、一定の株を持っていれば株主総会に招集されますので目の前で話を聴くチャンスもあります。

This is a philosophy

どんな企業も結局人がつくっている

私がシンガポールにいた時、欧米の金融機関を訪問するたびに優秀なファンドマネージャーを捕まえては「良いファンドマネージャーとは？」と同じ質問をしていました。結果、ほとんどの回答は同じでした。

「フットワークが軽いファンドマネージャーさ」

つまり、経営者のもとに通って生で話を聞く姿勢が投資のパフォーマンスを上げる上でいかに重要かということです。

36

about
NISA

ニーサに対して

一般人は、

投資入門のチャンスだと思っている

小金持ちは、

少額投資には興味がない

大富豪は、

確実性の高い投資に使う

世間では資産運用の好機であるかのように喧伝されているＮＩＳＡ（以下、ニーサ）。

ニーサとは、年間１２０万円までの株式や投資信託の投資であれば、そこで得られた配当や売却益に対して税金がかからない制度です（２０１５年までは１００万円でした）。子息用のジュニアニーサという制度も登場し、金融庁の大号令のもと各金融機関は国民の貯蓄を投資に回してもらおうと必死になっています。

資産運用の選択肢のひとつではありますし、投資初心者にはうってつけのように見えますが、どのような金融商品でもそのメリットとデメリットをしっかり理解しておく必要があります。

ニーサのメリットは言うまでもなく資産運用で挙げた収益にたいして普通なら20％かかる税金が非課税になる点です。とくに毎月分配型や配当利回りが高い商品など、インカムゲインの比重が高い商品であればあるほど、（配当についても非課税になるため）メリットが大きくなります。とくに２０１５年の郵政上場のように、事前評判からも勝てる見込みが高い投資ならニーサは強みを発揮します。

しかし、運用がうまくいかなかったとき、ニーサには大きな弱点があります。

たとえば、ニーサ口座で100万円を元手に運用して、20万円損をしたとしま す。普通の投資（通常口座で行う投資）では商品Aで利益が出ても、商品Bで損をしていたらその損益を合算できます。つまり税金が安くなります。

しかし、ニーサ口座での損失は通常口座と合算できないルールになっており、ニーサ以外に資産運用をしている場合、税金を多く払う可能性が出てきます。

これがデメリットの1点です。

また、ニーサの運用期間（5年）が終了すると、ニーサ口座からお金を引き出すか、再度ニーサ口座を開いて資産を移すか選択しないといけません。その時点で100万円の元金が80万円に目減りしていて、再度口座を続けても値上がりが期待できないなら、当然、お金を引き出す判断をするでしょう。

そこで引き出した80万円で新たに株式などを買い、幸いにも100万円まで戻せたとしても、プラスに転じた20万円に対して20％の税金がかかります。そこで得た利益はもはや非課税のニーサではないからです。つまり、本人からすれば元の100万円に戻っただけなのに、税金がかかることになるわけです。

このようにニーサのルールにいくつか落とし穴があります。

大富豪は世の中に完璧な制度など存在していないことをわかっているので、長所短所をわきまえたうえで、その制度をうまく使いこなしているのです。

どんなブームにも裏がある

This is a philosophy

37

about
専門家

お金の相談で
一般人は、
金融機関の窓口に行く

小金持ちは、
誰にも頼らず自力で行う

大富豪は、
紹介で知った一流のプロにお願いする

アメリカの大富豪には3人の専門家がついているといいます。

具体的には医師、弁護士、そしてファイナンシャルプランナー（以下、ＦＰ）。

「健康」と「地位」と「資産」を守る鉄壁の布陣です。

日本でも同じことが言えますが、唯一事情が異なるのがＦＰの存在です。

アメリカと日本のＦＰの違いは、アメリカのそれは基本的に独立した職種であるのに対し、日本のＦＰ資格保持者の大半は銀行、証券会社、保険会社など金融機関の社員であるか、自称フリーであっても、特定の金融機関に紐付いている代理店であるケースが多いということです。

そういったＦＰが行う提案やアドバイスは、どうしても自社の利益につながることに寄ってしまいがちです。

もちろん、金融機関に紐づいているＦＰの全員が信用ならないわけではありません。本当に優秀なＦＰは顧客第一で提案をしてくれます。

その結果、顧客から信用され、他の大口顧客も紹介されるようになるのでノルマも楽々達成でき、新規開拓の必要もないので顧客のための提案にさらに時間を使える、という好循環に入っています。

逆に言えば、優秀ではないＦＰほどノルマ達成のために顧客にとって利益が薄い提案をせざるを得ないことがあったりします。


こういった背景があるので、大富豪は日頃から横の連携を大事にして、優秀なブレーンがいれば紹介しあう相互補助の意識を強く持っています。

税金対策に欠かせない優秀な税理士や、仕事のトラブルがあったときに味方となってくれる弁護士を探すときも同じで、まったく知らない人に頼むようなリスクはとりません。

さて、税理士は守るべき資産がない限りお世話になることはありませんが、投資初心者が資産運用をはじめるときお金の専門家のアドバイスを得たいと思ったらどうしたらいいでしょう。

紹介してもらうことが理想だとわかっていても、本当に優秀なＦＰやプライベートバンカーは大口の顧客を優先するので、５００万円や１０００万円くらいの資産だと動いてもらえない可能性が高いです。

ということは、資産を増やす最初の段階においては、各金融機関が送り込んでくる「おそらく最優秀層ではない担当者」と付き合うことになります。

そこで怪我をしないためには、自主的にファイナンスの知識を磨き、ある程度の理論武装をしないといけない、ということでもあります。決して担当者のいいなりになってはいけません。

金融機関担当者と付き合うコツは、彼らの持っている情報や知恵をうまく引き出すことです。彼らも当然プロですから、使い方次第で貴重な戦力になります。もちろん、買う気がない顧客に情報を提供しつづけるほど暇ではないので、最低限の手数料を落としながら（少額でも金融商品を買いながら）、関係性を切らないことがポイントです。

それに猜疑心をむき出しにして、極端に否定的になっても相手のやる気がなくなってしまいます。

舐められない程度に丁重に接し、かつ他社にも声をかけて比較をしていることをさりげなくアピールしていけば、担当者も真剣に向き合ってくれるでしょう。

This is a philosophy

プロをうまく使えるプロになる

第４章

大富豪のお金の守り方

How do millionaires defend their money?

38

about
負け方

投資に失敗したとき
一般人は、
金輪際、投資をしないと誓う

小金持ちは、
勝ちにこだわり傷口を広げる

大富豪は、
潔く負けを認めて次に進む

新規分野に投資したものの雲行きが怪しくなり、周囲からは早期撤退をアドバイスされるも「必ず挽回できる！」と投資をゴリ押しして再起不能になった人や企業はゴロゴロいます。

攻め方は知っていても、守り方を知らなかった人たちです。

その点、優秀な経営者、実績を残している投資家、そして長年に渡り資産を増やし続けている大富豪は、みな「負け上手」です。

小さな負けはいくらしても、決して致命傷となる大きな負け方はしません。

大富豪になるためにも、その資産を守り続けるためにも、正しい負け方を知っていることは不可欠です。

正しい負け方を端的に表すものとして、投資の世界に10％ルールと呼ばれるものがあります。

ご存じではない方のために説明すると「何事も10％までの負けであれば、その後の挽回がしやすい」という法則です。

例を挙げましょう。

退職金を元手に1000万円で投資信託を買ったとします。その商品が10％下落しました。900万円ですね。

そこで投信を売却して、残った900万円を別の投資に回し、それが11％上昇すれば999万円、10％上昇でも990万になるので、ほぼ元通りです。

では20％下落するまで放置したら、どうなるか。

元本は800万円になっていますのでそれが1000万円に戻るには25％上昇しないといけません。20％と25％のギャップにご注目ください。

さらに50％下落してしまったら、500万が1000万に戻るには2倍、つまり100％アップしないといけません。

5～10％くらいの利回りの商品がほとんどの投資の世界で、リカバリーに

100％要することは、致命傷と言ってもいいレベルです（元本が2倍になるには利率10％の複利運用をしたとしても7年かかります）。

つまり、10％というラインこそ損切りの目安になるわけです。

意外と早いですよね。数字遊びと言えば数字遊びですが、失うのは一瞬でも、同じ額取り返すのは大変だということを忘れてはいけません。

勘よりもルールで勝つ

This is a philosophy

39

about
銀行

貯金するなら
一般人は、
メガバンクとゆうちょ銀行

小金持ちは、
メガバンク複数行

大富豪は、
メガバンク2行と海外銀行

銀行の選び方でひと項目書こうと思いましたが、よくよく考えてみると今やコンビニで簡単にお金がおろせる時代ですので、少なくともメガバンクの間では大きな差はなくなっていると思います。

みなさんもいまお使いの銀行を選んだのは家から一番近くに支店があったから、入社した会社が指定してきたから、親が勝手に作っていたからといった理由が多いのではないでしょうか。

では大富豪はどうか。

小金持ちの人のなかにはペイオフ（1000万円を上限とした保護）を気にして、やたらと複数の銀行口座を開く人もいます。

気持ちはわからなくもないですが、ちょっと乱暴な言い方をすれば、メガバンクが潰れるときは日本ごと潰れるときです。そのリスクを回避したいなら海外に資産の一部を移しておくことの方がはるかに賢明です。

実際、大富豪は分散投資以外に、海外旅行のついでに現地の銀行に口座を開設している人が大勢います（香港にいったついでにＨＳＢＣ、など）。

そういった資産防衛をすでにしているので、大富豪は国内の銀行については数を絞る傾向が強いです。

それには理由があって、銀行は取引を重ねるごとに融資などの条件がよくなる実績重視の世界だからです。また、預け入れ資産が一定額を超えた顧客はプライベートバンクに案内され、ハイレベルな専用担当者やチームが用意されます。どのみちお金の出し入れがあるなら、複数の銀行でパラパラと行うより、１、２行に絞ったほうが得なのです。

保有資産が増えてくると放っておいても銀行の営業マンが集まってくるようになります。選び放題の身になるわけですから、そのときに各担当者同士で条件面でコンペを行えば、自ずといい条件が引き出せることもあります。

お得意様の特権は強い

Think Philosophy

最後にひとつ付け足すとすれば地方銀行の存在です。

基本的に横並びの傾向が強いメガバンクと違って、地方銀行はときにびっくりするような安い手数料や融資条件を出してくれることがあります。

その銀行が潰れない限り、メガであろうと地方であろうと機能は同じですし、地方銀行の行員でもずば抜けて優秀な人もいます。

銀行ごとの特性を見極め、目的に応じて使い分けるのがよいでしょう。

40

about
保険

保険には
一般人は、
勧められたので入る

小金持ちは、
相続対策で入る

大富豪は、
興味がない

日本は世界でも有数の保険大国です。

生命保険文化センターの調べでは、1世帯平均の年間保険支払料は52・6万円。また、生命保険協会の統計によると、2011年に世界で支払われた生命保険料の2割は日本人が占めたそうです。

ただ、私がプライベートバンカーになって真っ先に気づいたのは、大富豪は保険にほとんど興味を示さないことです。

考えてみれば当然で、保険とは万が一のときに本人や家族が生活に困らないための防護網です。潤沢にキャッシュをもっている大富豪には関係ありません。もしお知り合いに保険の営業マンがいたら聞いてみてください。小金持ちの顧客はやたらと多くても、大富豪はほとんどいないはずです。

小金持ちが生命保険に入る理由に相続対策があります。

大別すると3つあります。

①税金対策

死亡保険金には非課税枠が存在します。

具体的には500万円×法定相続人の数で、相続人が3人なら1500万円分までの死亡保険料は相続税の対象になりません（現金で1500万円相続するより、死亡保険金として相続する方が税金を考えるとプラス、ということ）。

ただ、数十億円規模の資産をもっている人からすれば、あまり大きな効果はありません。

②係争を予防するため

保険には遺産相続のいざこざを防ぐ効果もあります。

死亡保険金は現金や不動産、株などの相続と違って、遺産分割協議（法定相続人全員の承諾を得ること）が不要です。事前に受け取り人を決めておけば、確実にお金が渡る仕組みになっているのです。ただ、これも大富豪の方々は遺言を活用される方が多いため、この役割を満たしていることが多いです。

③相続税のキャッシュがわりとして

3つ目の相続対策は、死亡保険金を相続税を支払うキャッシュとして利用することです。これは一部の大富豪でも行っているかもしれません。

不動産など現金化しづらい遺産を相続するとなると、どうしても金策が必要になります。自分が死んだ直後だというのに、残された家族が銀行を回って頭を下げる姿を想像するというのも悲しいものがあります。

死亡保険金なら申請から1週間くらいで振り込まれますので、当面の生活費にもなります。

と、ここまでキャッシュさえあれば保険は要らないという話をしましたが、日本人が世界で見ても非常に高額な保険料を払っている事実に戻ってみましょう。

結論をいえば、自分で資産を築いていく覚悟があるなら保険を解約する選択肢もあると思います。

毎月2万円の保険料だとすれば40年間で約1000万円。なかには2000万円近く支払っている世帯もあります。保険は家についで人生に2番目に高い買い物と言われる所以です。

倹約の極意は支出の大きいところを見直すべきだと書いたとおり、それだけのお金を使うなら、自分で毎月2万円を積み立てして資産運用をするなり、まだ若いのであれば自己投資に回した方が将来リターンが大きくなる可能性があります。

そもそも健康保険料はすでに払っているわけですからね。

仮に積み立て型の保険を選んだとしても長い人生ですから、いつまとまったお金が必要になるかわかりません。そのとき途中解約したら利回りが生まれるどころかマイナスになるケースがほとんどです。

もっと大局的にみれば、保険会社は顧客から集めた保険料を元手に投資をしてお金を増やしています。

それがいいか悪いかの次元ではなく、もしそうであるなら自分で運用した方がいいのではないかと、少なくとも投資マインドが強い人たちの中にはそう思っている人もいます。

「みんながやっているから」という先入観を疑う

41

about
相続税①

相続税対策を
一般人は、
一切対策しない

小金持ちは、
老後に対策を始める

大富豪は、
若いときから暦年贈与する

2015年から日本の相続税率が改正されました。大きな変化は相続税の対象となる人が増えたことです。

新制度の基礎控除額は次の通りです。

基礎控除額 ＝ 3000万円 ＋（600万円 × 法定相続人の数）

2014年末までは「5000万円 ＋（1000万円 × 人数）」でしたので、たとえば奥さんと子ども2人の計3人が相続人であれば、それまでの計算なら8000万円まで非課税だったのが、4800万円にまで下がりました。裾野がかなり広がったことがよくわかります。

この基礎控除額よりオーバーした金額のことを課税遺産総額と言います。現金だけではなく不動産や証券なども含みます。そこにかかる相続税率の一覧表がこちらです。

ご覧のように累進課税なので資産を持っている人ほど高い比率で税金が取られます。住民税を含めて最大55％です。

図4　相続税の税率と控除額

課税価格	税率	控除額
1,000万円以下	10%	―
3,000万円以下	15%	50万円
5,000万円以下	20%	200万円
1億円以下	30%	700万円
2億円以下	40%	1,700万円
3億円以下	45%	2,700万円
6億円以下	50%	4,200万円
6億円超	55%	7,200万円

こうした背景があるのでどんな富裕層も自分の先が短いことを悟ると必死になって相続税対策を行ったり、方々に寄付をしたりするわけですね。

しかし、賢い人は若いときから先手を打っています。

それが「暦年贈与」の活用です。

暦年贈与とは、毎年110万円以内であれば人からお金をもらっても課税されない税制上の優遇措置です。

貰い手側に課税される話ですので、財産を分け与える側としては毎年何人にあげようと制限はありません（もし貰い手が複数人から合計110万を超える贈与を受けた場合は課税されます）。

しかも、この制度は誰が誰に贈与しようと扱いは同じなので、法定相続人には含まれない身内（お孫さんや兄弟など）にも生前贈与ができるのがミソです。

ただ、年間110万円では億単位の資産を持っている大富豪からすれば物足りません。仮に家族４人に対して20年間、毎年１１０万ずつ贈与しても、８８００万円ですからね。

そのような人は、課税されることを承知で暦年贈与を行います。

贈与税の税率は以下の通りです。

贈与税はうまく使えば相続税より税率が低いのです。

家族４人、20年間という例で、暦年贈与額を３１０万に増やすと、移動できる資産は２億４８００万円になります。贈与税はその増えた２００万円分の10％なので、１６００万円が支払うべき税金です。

かたや２億４８００万円を一気に相続した場合の税金を計算しましょう。まず基礎控除が５４００万円なので課税対象額は１億９４００万円。「２億円以下」のカテゴリーなので、そこから１７００万円を控除すると１億７７００万円。その40％ということは、７０８０万円。

図5　贈与税の税率

110万円を超過した額	税率
200万円（計310万）以下	10%
300万円（計410万）以下	15%
400万円（計510万）以下	20%
600万円（計710万）以下	30%
1,000万円（計1100万）以下	40%
1,000万円（計1100万）超	50%

暦年贈与をしていれば5480万円分も税金が変わってきます。

当然、暦年贈与を長く行い、贈与する対象も増やせば、それだけ税制上有利です。そのため20代、30代でビジネスを成功させた経営者は、お子さんが生まれたらすぐに銀行口座を作って暦年贈与をはじめる方が大勢います。

人間だれしもこの世から去るときに一番気にするのは、残された家族の行く末です。とくに苦労人から立身出世を遂げた人ほどその気持ちが強い。

だとすれば、できる限り多くの資産を自分の愛する家族に引き継ぎたいと思うのは人として当然の感情ではないでしょうか。

This is a philosophy

相続プランは早めに立てるほど効果大

42

about
相続税②

不動産を買って
一般人は、
マイホームにする

小金持ちは、
資産を増やそうとする

大富豪は、
資産を圧縮しようとする

不動産投資は手堅い運用方法ですが、同時に税制上のメリットも多くあります。

①所得税を減らすことができる

固定資産である上物（建物）の価値は、実勢価格とは関係なく国の定めによって毎年減価償却されていきます（評価額が下がるということ）。

つまり、実際には売却していないので何も損はしていないにもかかわらず、減価償却された分は「損金」として計上でき、確定申告に反映させることができます。仮に所得が1000万円の人が所有する不動産の評価額が100万円減価償却されたら、1000万から100万を差し引いた900万をその年の所得として申請できます。課税対象が減るので、当然支払う税金は減ります。

②短期間で資産の圧縮ができる

「路線価」という言葉を聞いたことがあると思います。

国税庁が定めた各土地の平米単価のことで、実際の市場価格よりも安く設定されています。市場価格の約7掛け程度です。

もし1億円で土地を買うと路線価は7000万円。相続税はこの7掛けされた路線価にかかります。つまり1億円の現金を土地に変えるだけで、資産を3割圧縮できるのです。

資産家が晩年に土地を買い漁る大きな理由はここです。

もちろんこの行為は合法で、路線価が実勢価格より低く設定されているのは「土地は売りたいと思っても簡単に売れるものではないので、その流動性の低さから多少価値は下がるだろう」という国側の配慮です（実際その通りで、土地は買い手がすぐ見つかるわけではないので十分考慮する必要があります）。

また先ほど上物の減価償却の話をしたとおり、建物の評価額も年数が経過するにつれ下がっていきます。

相続税は建物にも当然かかりますが、その際も実勢価格ではなく減価償却後の固定資産評価額に対して課税をしますから、こちらでも資産が圧縮できるのです。

③ 貸し出すことでさらに資産を圧縮できる

実勢価格と評価額の差額をさらに広げたいのであれば、物件を貸し出してしまうことが一番簡単です。他人が住んでいる物件は売りたいと思っても入居者の同意が必要な分、流動性が低くなるため、相続税評価額はさらに下がることになるからです。

1億円で物件を買ったとしてそれを貸し出すと、評価額は半分以下になることもあります。富裕層がマンション経営やアパート経営をよくしているのは、こういった資産圧縮効果もひとつの理由です。

④ タワーマンション節税

2016年に入って国税庁が「タワーマンション節税」の対抗策を打ち出しま

した。

そもそもタワーマンション節税が流行った理由は、マンションの各部屋の評価額が、階層や眺望などに関わらず一律であったため、好条件で高値の物件を持っている人ほど税金対策の効果が高かったためです。

今後は上の階の部屋ほど評価額が高くなるように法令が変わるそうですが、いまのところ発表されている数値を見る限り、依然としてマンションを購入し貸し出すことによる効果が高いことには変わりなさそうです。


このように、不動産投資はフロー（所得）上のメリットだけではなく、ストック（資産）上のメリット（資産圧縮効果）がとても大きいのです。

現役時代に不動産投資とは無縁だった大富豪でも、税金対策を考えるならば、ローンを組んでまで不動産投資をする価値が十分あります。私のお客様で、こうした不動産投資による資産圧縮によって、相続税が5億円から3億円になった方もいました。

不動産投資で必ず想定しておくべきことは、よほど高需要の物件以外は（評価額だけではなく）実勢価値がすぐに下がる性質であることです。

ただ、資産の大きい人は何もしなければ最大55％の資産がそのまま徴収されるのですから、不動産価値が下がることを織り込んでも、税金対策の効果の方が高くなりやすいわけです。

不動産投資は二度おいしい

This is a philosophy

43

about
相続税③

一家の資産管理は

一般人は、
口座に資産を入れっぱなし

小金持ちは、
自分の会社で家族を雇う

大富豪は、
資産管理会社を立ち上げる

大富豪にまつわるニュースで「資産管理会社」という言葉を聞いたことがあると思います。

普通の人には実態が分からないので、なにやらグレーなイメージがつきまといますが、決して怪しいものではありません。資産運用の額が大きくなると銀行から「資産管理会社を立ち上げませんか？」と打診がきます。それくらい普通のことで、自分の資産管理会社を持っていることは大富豪の証です。

資産管理会社の目的はずばり、税金対策です。

名目上は「不動産投資や株式投資などの管理を行う会社」となっていますが、個人として資産を保有するより法人が所有する形にしてしまったほうが税制上のメリットが大きいため、わざわざ資産管理会社を立ち上げるのです。

そのメリットをいくつか紹介したいと思います。

ちなみに資産管理会社には「管理・運営」のみを行う形態と、資産を丸ごと「保有」する形態がありますが、前者は税金対策のメリットが少ないので、後者を前提に話をすすめます。

・法人税への切り替えによる税金対策

個人で不動産投資をしていると個人所得税がかかります。最高税率は住民税と合わせ55％。しかし、それを法人の保有に変えれば収入にかかる税金は法人税に変わります。現在、実効税率で約41％です。また、ご存知の通り、政府は企業の国際競争力をあげるためにここ数年、法人税を下げる方向で推移しています。

上昇傾向の所得税・相続税と、下降傾向の法人税。

その差を利用しない手はありません。

また、法人にすれば個人のときでは適応されなかったさまざまな経費を計上できるようになり、さらに税金を抑えることができます（もちろん法人の運営のための経費であれば）。役員報酬や退職金はもとより、自宅の家賃の一部を社宅補助という形で経費にする方もいますし、会社で契約する保険料の一部なども経費にすることが可能です。

・役員報酬による生前贈与

資産管理会社の大きなメリットは、所得を家族で分散できることです。両親、奥さん、子供などを「役員」にして報酬を払えば、個人ひとりで稼ぐより所得税の面で有利です。

家族を役員ではなく従業員として雇って所得分散をしている中小企業経営者が大勢いますが、勤務実態と報酬額が不釣り合いだと税務署から指摘を受ける可能性があるので注意が必要です。

「実務能力がない人間を役員にするのはどうなのか」という声も聞こえてきそうですが、もし資産管理会社が乗っ取られたら家族の資産ごと取られます。それを防ぐために役員に血族を据える判断は至極真っ当でしょう。

それに家族に役員報酬の形で収入を分配しておくことで、生前贈与の効果もあります。報酬はキャッシュですので、相続税を払うときに残された家族が資産の現金化に奔走する心配もなくなります。

・法人ごと継承することによる相続対策

個人で保有する不動産を相続する場合は、その不動産の価値によって相続税が決まります。

一方で法人ごと相続する場合、その会社の株式価値を元に相続税を算出します。そして、その評価基準は「類似業種比準方式」と「純資産価格方式」の2種類があります（厳密には3つで、「配当還元方式」も存在しますが、あまり使われることはないため省略します）。

かなりの専門知識を要するので詳しくは解説しませんが、あえて簡単に言えば、前者は企業の純利益を中心に決める方式で、後者はその会社が保有する純資産をもとに算出する方式です。

一家という単位で税金対策をする

不動産しか持っていないような法人の場合は後者が適応されてしまい、税金を考えるとむしろ不利になりますが、税理士のアドバイスをもとに資産の割合を調整すれば前者が適応され、さまざまな手段で資産を圧縮して、実際の不動産価値よりも安い評価額で法人ごと資産を継承することもできるのです。

これらの手法は非常に複雑なので、専門家の助言なしではできません。必ず税理士資格を持ったプロの判断を仰ぐようにしてください。

44

about
相続税④

相続税を払いたくないから
一般人は、
資産を使い切る

小金持ちは、
頑張って圧縮する

大富豪は、
シンガポールに移住する

これまで紹介してきた相続税対策は税金を抑える手法に過ぎません。

ここでは究極形を紹介しましょう。それは家族ごと海外に移住して相続税を回避することです。

海外には相続税がかからない国がいくつも存在します。

アジアならシンガポール、香港、タイ、マレーシア、オーストラリア、ニュージーランドなど。

日本の法律では被相続者と相続者ともに海外に5年以上住んだ時点で、海外資産は相続税の対象ではなくなります。そのため国内で保有する資産を整理して海外に移し、さらに人間も移動すれば合法的に資産を守ることができます。

さらに、これらの国の大半はタックスヘイブン（租税回避地）であり、株を売却した際に得られる売却益に対して税金がかかりません。

たとえば、ソフトバンクの孫正義会長の資産は1兆円を超えると報道されていますが、単純計算するとその55％を国に納めたとしたら５５００億円です。日本の年間ODA予算（5400億円。平成27年度）に匹敵します。

そのため価値の高い株を大量に保有するオーナー社長であれば、誰しも一度は海外移住について考えるものです。

日本の大企業のトップで例をあげれば、バルスの高島社長は香港、HOYAの鈴木CEOはシンガポール、ベネッセの福武会長はニュージーランド、サンスターの金田元会長はスイスに移住されました（本社もスイスに移転）。

ヨーロッパの富裕層に人気の移住先は、以前はモナコでしたが、他のヨーロッパ諸国からの突き上げが厳しくなってきたため現在はスイスが人気です。

高級ブランドの創業者一族や欧米の芸能人、トップアスリートなど、そうそうたる顔ぶれが集まるスイスの2015年度富裕層ランキングで堂々の1位に君臨するのも、イケア創業者でスウェーデン人のイングヴァル・カンプラート氏の一族です。本人は2014年に祖国へ帰国したものの、スイスに残るカンプラート家の資産は440～450億スイスフラン（約5兆円）と推測されています

(Bilan「Les 300 Plus Riches de Suisse」より)。

世間で「資産フライト」などと言われているこの手法、日本政府は資産流出を防ぐために2015年7月から「出国税」の課税を始めました。

この出国税やマイナンバー制度の導入によって、海外移住による税金対策効果は減ることが予想されますが、資産防衛の最大効果を狙うなら、海外移住は今後も有効な手立てであることは論を待ちません。

大富豪は、住む国すら税金対策で決まる

This is a philosophy

45

about
海外の別荘

海外に別荘を買うなら

一般人は、

宝くじがあたったら考える

小金持ちは、

転売用に南国のリゾート地に買う

大富豪は、

税金対策用にアメリカの木造住宅を買う

不動産投資による税金対策の応用編として大富豪がよく実践しているテクニックのひとつに、アメリカでの不動産投資があります。

これは両国の法制度と不動産事情における3つの盲点をついたものです。税金対策という点ではその効果は大きく、場合によっては攻めの不動産投資（売却益狙い）よりもはるかに高い利回りが期待できます。

盲点は以下の通りです。

一つ目の盲点は、不動産の価値を決める建物と土地の比率です。国土の狭い日本では土地と建物の比率が8：2くらいですが、いくらでも土地があるアメリカではその真逆。建物の評価が8で土地が2です。

二つ目の盲点は、海外の不動産であっても日本の税制に従うことです。この場合の税制とは減価償却の計算方法のことを指します。

三つ目の盲点は、両国での中古木造住宅に対する評価の仕方です。日本では築22年を超えた木造住宅はほぼ価値がないとみなされるため「4年での減価償却」

が認められていますが、一方のアメリカでは古い家をメンテナンスしながら住むことが当たり前なので、需要のあるロケーションであれば価値がほとんど下がりません。

勘の鋭い方はもうお分かりでしょう。

アメリカで築22年以上の木造住宅を1億円で買えば、毎年2000万円（1億円のうち、建物の評価額が占める80%を4年で割った額）も減価償却できます。これだけの規模の減価償却が取れる投資対象は滅多にありません。

そういえば数年前にハワイのリッツカールトンの部屋が売りに出たとき、プライベートバンカーだった私はその話をお客様のところに持っていったのですが、意外と多くのお客様から「それって減価償却どれくらい取れるの？」と同じ質問を受けました。

この質問をされた大富豪は、すでにアメリカでの木造住宅への投資をされていた方たちです。
マイナーな手法にも関わらず、大富豪のアンテナの広さに驚いた瞬間でもありました。

お金の知識の応用は絶大な効果を生む

This is a philosophy

おわりに

最後までお読みいただきありがとうございました。

この本は大富豪をテーマにしていますが、大富豪を目指している人だけを念頭におきながら書いたわけではありません。

筆を進めるにあたって私の頭の中には、常に普通のビジネスマンの姿、もっと言えば金融業界に飛び込んだばかりの22歳の自分がいました。ここで紹介した細かいテクニックは数年後には陳腐化しているかもしれませんが、その根底にある哲学は、どの時代のビジネスマンにも有効だと信じているからです。

こういった背景もあって話題が多岐にわたってしまい、若干読み疲れたかもしれません。それもこれも、初めての本を書くにあたって私なりに有益な情報を少しでも多く詰め込みたかった故だと斟酌いただければ幸いです。

金融業界の専門家となったいまの私が自分に課している使命は、一般の人々の金融リテラシーを上げることで情報格差を解消し、個人がより熱く、より前向きに生きていくことができるような社会を築くことです。

お金にまつわる情報を発信するサイトとして日本最大級となったZUUオンラインというネットメディアを立ち上げたのも、その使命感に突き動かされたからであり、今回の執筆依頼を受けたのも書籍媒体を通じて金融リテラシー向上に微力ながら貢献できるかもしれないと思ったからです。

そのオファーをいただいたクロスメディア・パブリッシング編集部の長谷川諒さん、そして、執筆に不慣れな私を全面的にサポートしてくださった郷和貴さんに改めて御礼申し上げます。

学生時代からの夢である「南極の氷を溶かすくらい社会を熱くさせる」ことを実現すべく、今後も邁進していきます。

冨田和成

【著者略歴】

冨田和成（とみた・かずまさ）

株式会社 ZUU 代表取締役社長 兼 CEO

神奈川県出身。一橋大学卒。大学在学中に IT 分野にて起業。卒業後、野村證券にて数々の営業記録を樹立し、最年少で本社の超富裕層向けプライベートバンク部門に異動。その後、シンガポールでのビジネススクール留学を経て、タイにて ASEAN 地域の経営戦略を担当。2013 年、「世界中の誰もが全力で夢に挑戦できる世界を創る」ことをミッションとして株式会社 ZUU を設立。FinTech 企業の一角として、月間 250 万人を集める金融メディア「ZUU online」や、主要なピッチコンテストでも受賞歴のある投資判断ツール「ZUU Signals」で注目を集める。これまでにシリコンバレーのベンチャーキャピタル含む総額 5.5 億円の資金調達を行なう。最近は金融機関の FinTech 推進コンサルティングやデジタルマーケティング支援なども行い、リテール金融の IT 化を推進している。

ZUU online
https://zuuonline.com

大《だい》富《ふ》豪《ごう》が実《じっ》践《せん》しているお金《かね》の哲《てつ》学《がく》

2016 年 5 月 11 日　初版発行

発 行　**株式会社クロスメディア・パブリッシング**

発 行 者　小早川 幸一郎
〒 151-0051　東京都渋谷区千駄ヶ谷 4-20-3 東栄神宮外苑ビル
http://www.cm-publishing.co.jp

発 売　**株式会社インプレス**

〒 101-0051　東京都千代田区神田神保町一丁目 105 番地
TEL（03）6837-4635（出版営業統括部）

■本の内容に関するお問い合わせ先 ………… クロスメディア・パブリッシング
TEL（03）5413-3140 ／ FAX（03）5413-3141

■乱丁本・落丁本のお取り替えに関するお問い合わせ先 ………… インプレス　カスタマーセンター
TEL（03）6837-5016 ／ FAX（03）6837-5023 ／ info@impress.co.jp

乱丁本・落丁本はお手数ですがインプレスカスタマーセンターまでお送りください。送料弊社負担にてお取り替えさせていただきます。但し、古書店で購入されたものについてはお取り替えできません。

■書店／販売店のご注文受付 ………… インプレス　受注センター
TEL（048）449-8040 ／ FAX（048）449-8041

カバー・本文デザイン　安賀裕子（cmD）
印刷・製本　中央精版印刷株式会社
編集協力　郷和貴
ISBN 978-4-8443-7475-6 C2033